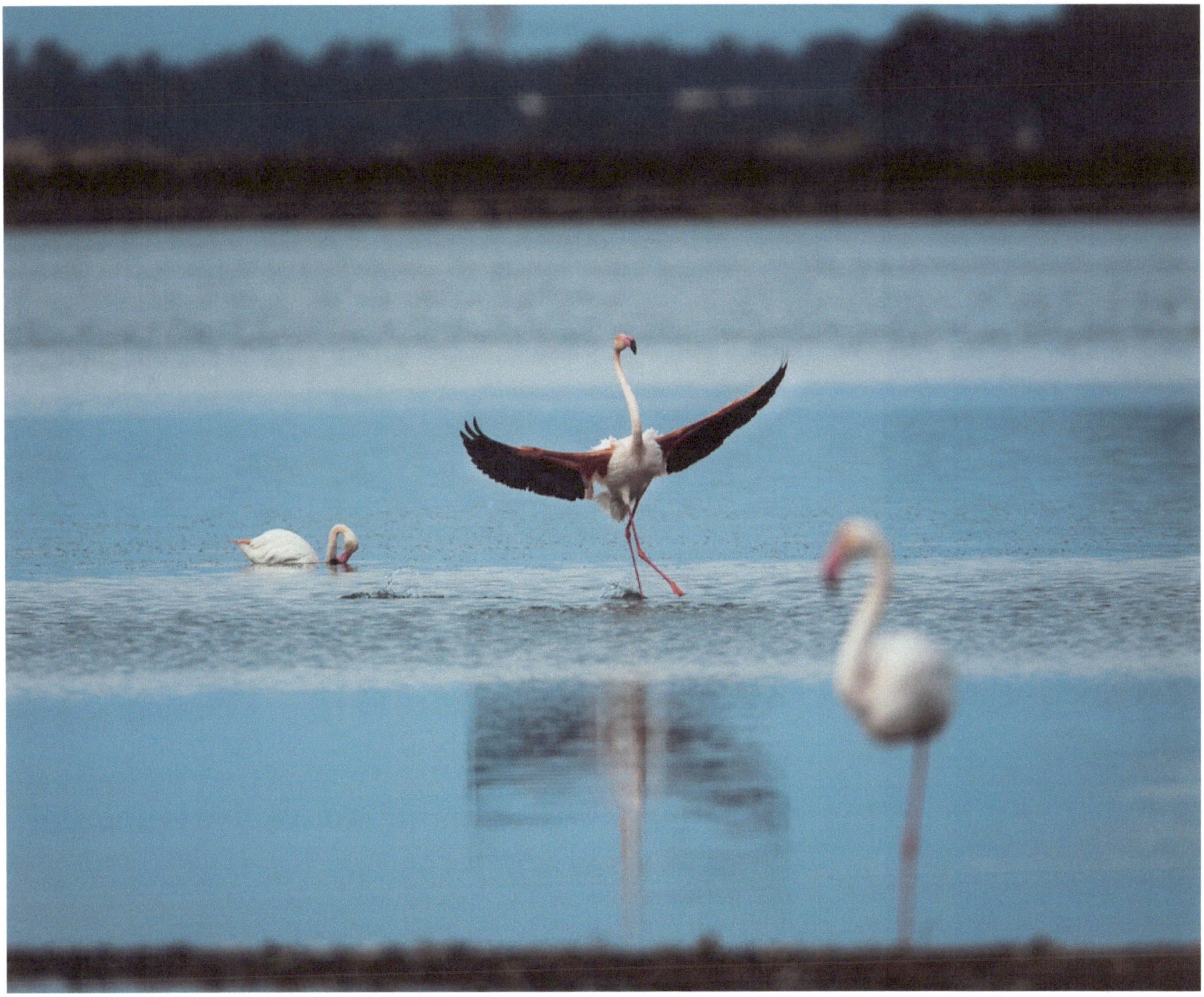

Nella vibrante oasi urbana di Cagliari, dove il mare incontra la terra e la storia si intreccia con il presente, viveva un essere straordinario, una vera ballerina volante.

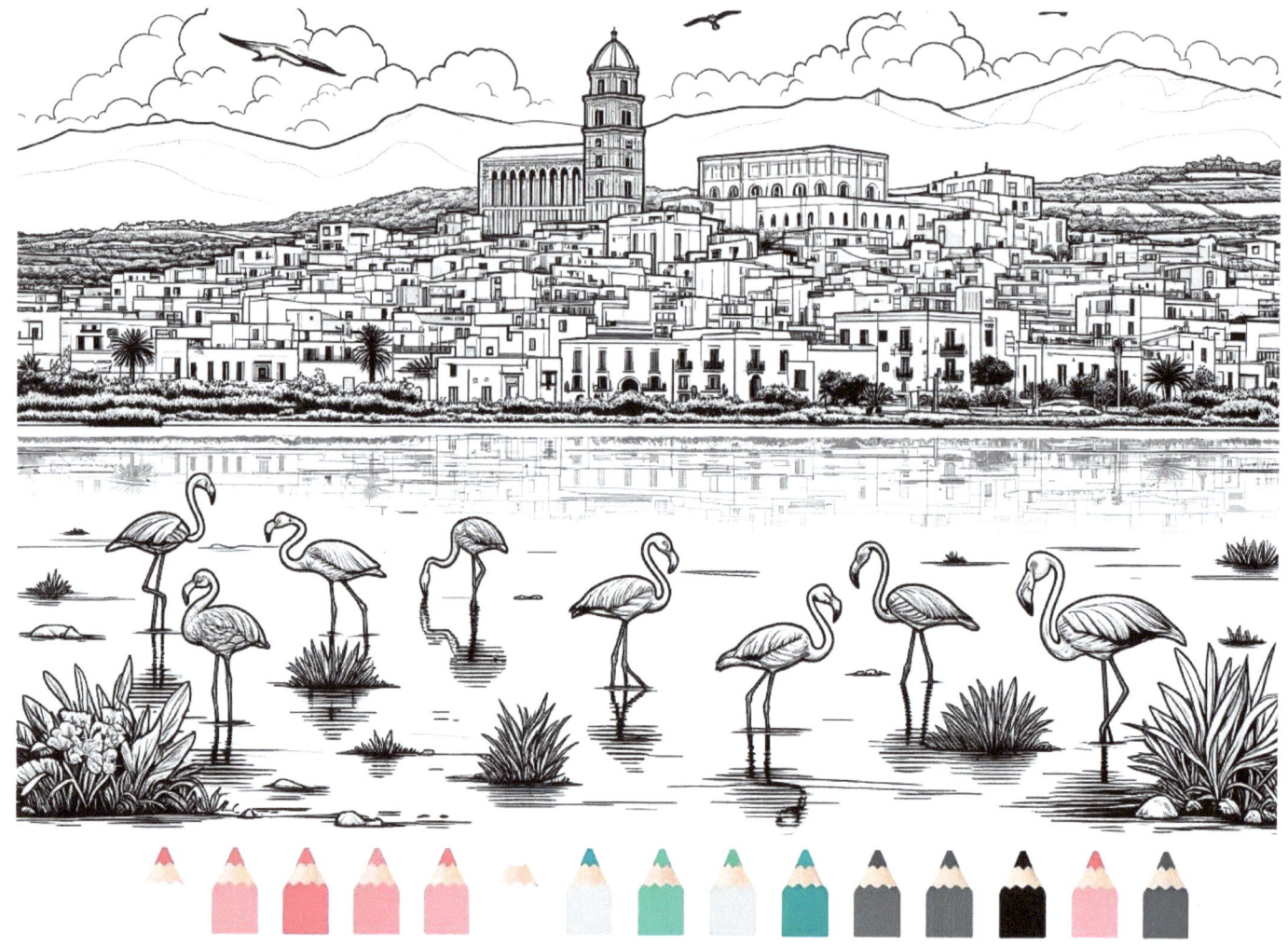

Non era un abitante qualunque, ma Flammy, un fenicottero dal manto di un rosa vivido come l'alba che infrange il velo della notte. A differenza dei suoi simili, che si muovevano in folte colonie, Flammy trascorreva le sue giornate in solitaria, un punto rosa contro l'azzurro infinito del cielo.

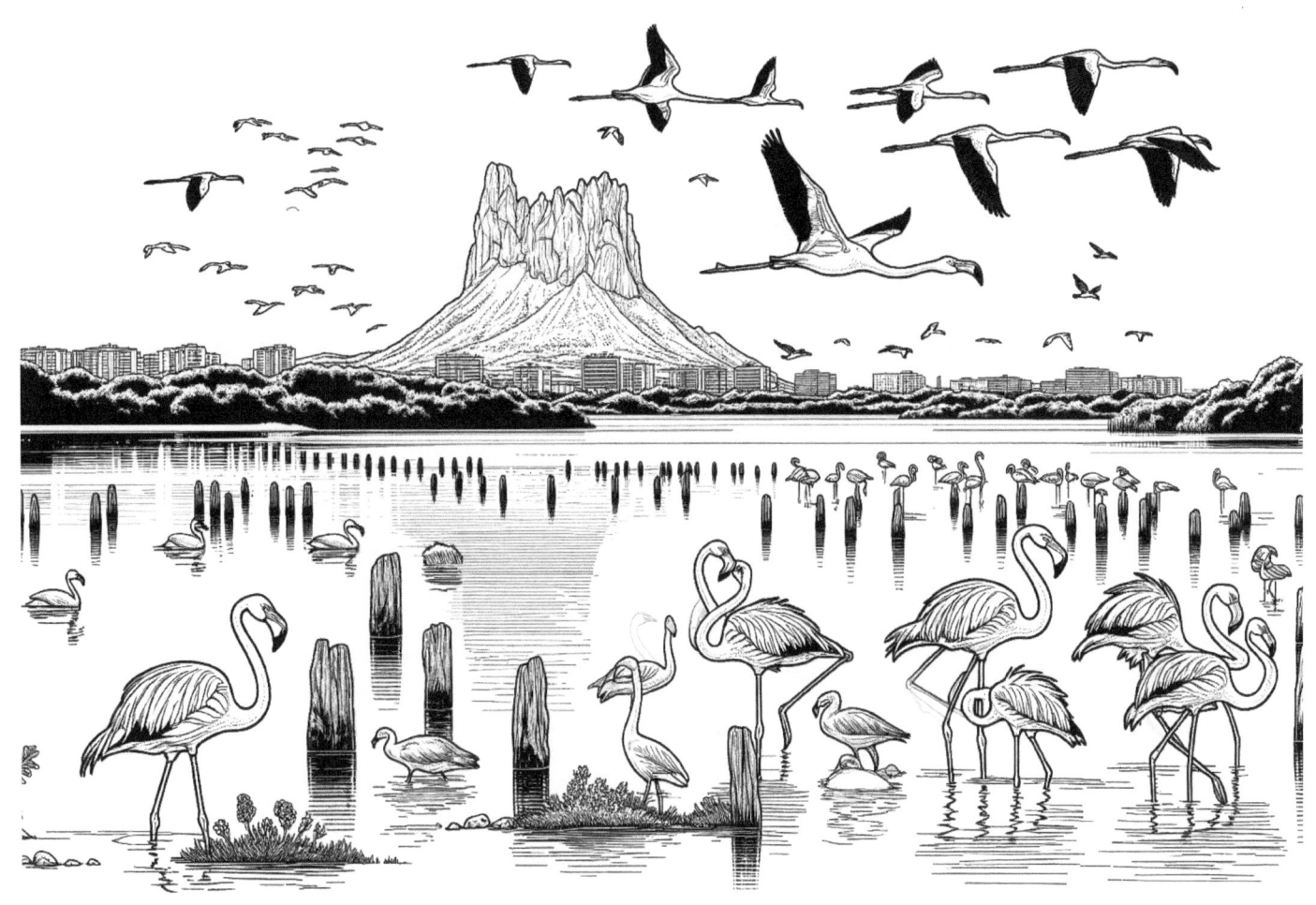

La sua figura slanciata si stagliava solenne sullo sfondo delle saline, un'icona di bellezza solitaria che rifletteva il sole calante. Ma nonostante la sua appariscente magnificenza, Flammy nascondeva dentro di sé un abisso di solitudine, un vuoto che nemmeno la splendida cornice di Cagliari poteva colmare.

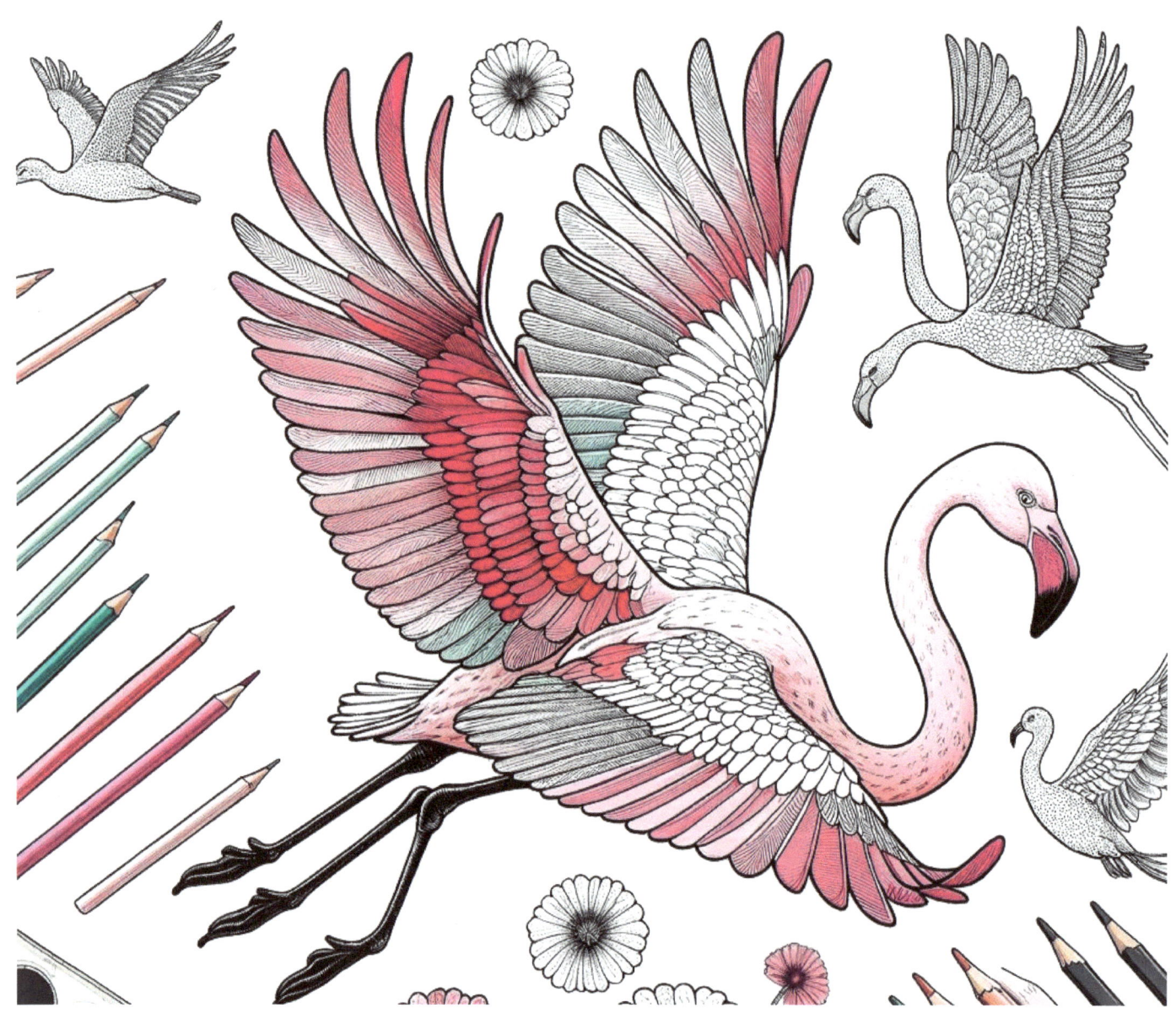

Ogni giorno, mentre le onde sussurravano segreti antichi alle sabbie del tempo, Flammy si interrogava sul proprio destino. "Perché", si chiedeva con un pizzico di malinconia, "sono l'unico a camminare sotto il vasto cielo solitario?"

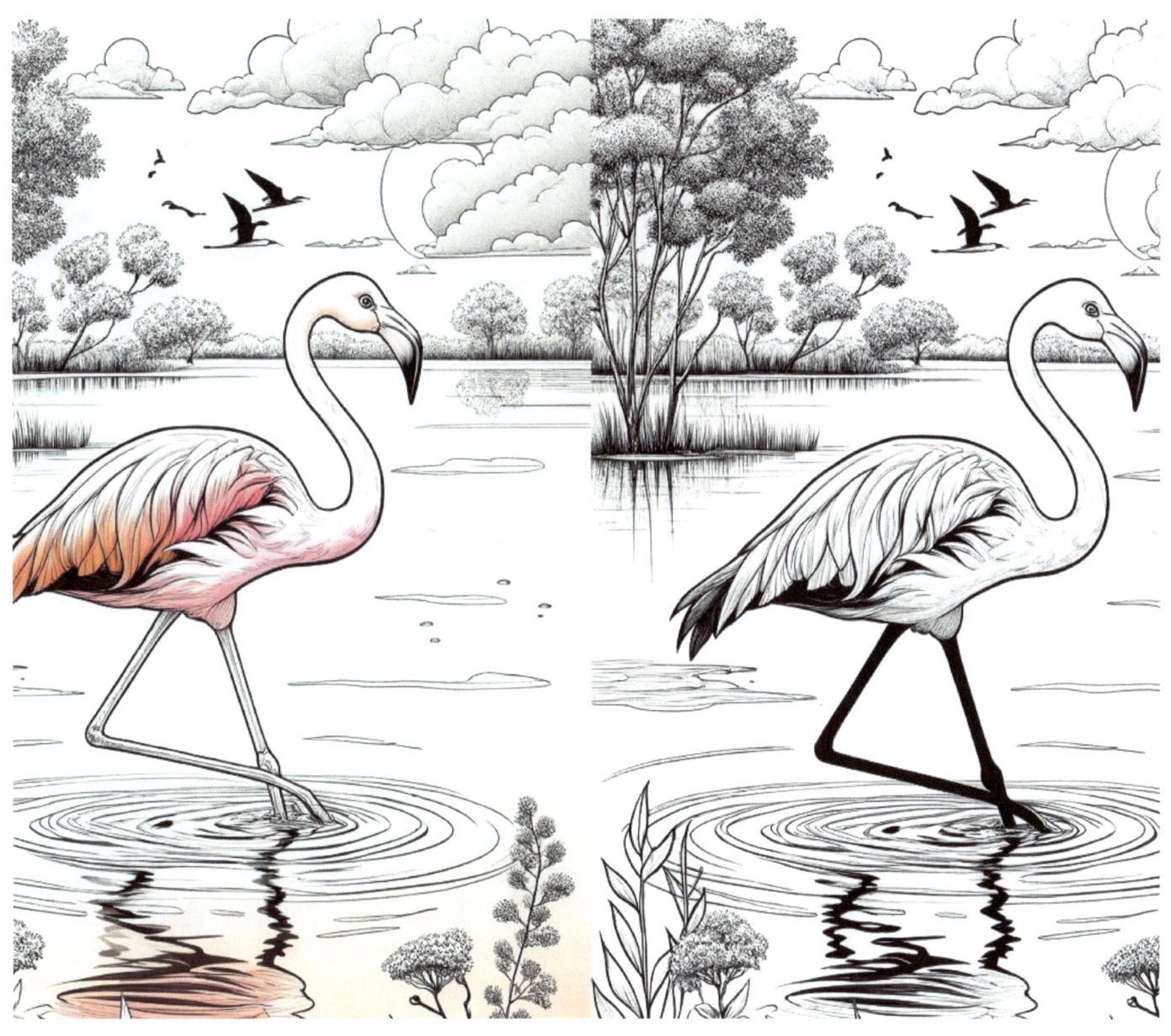

Ogni mattina, si alzava all'alba per cercare granchietti da mangiare, ma non riusciva mai a trovare compagnia.

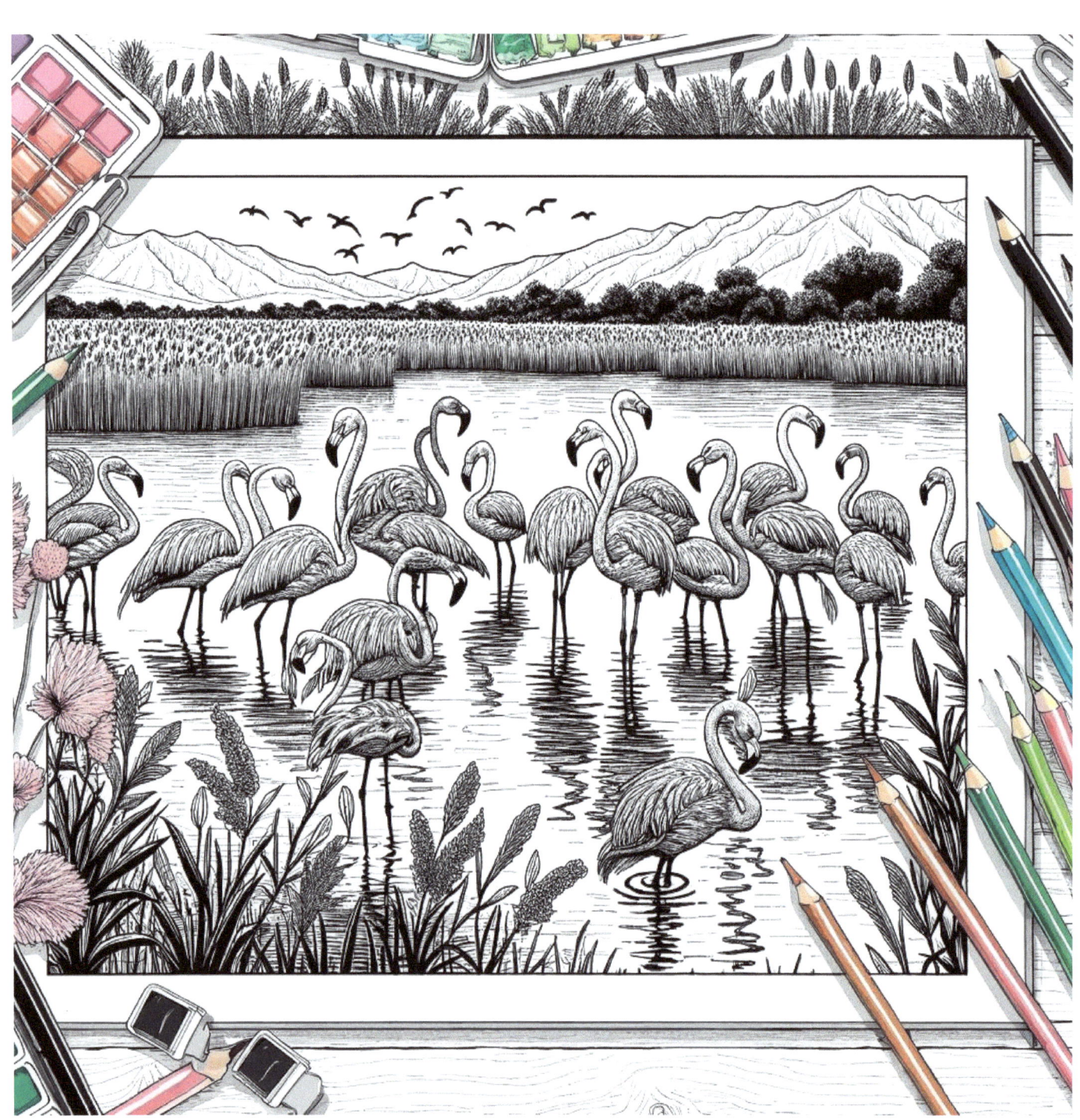

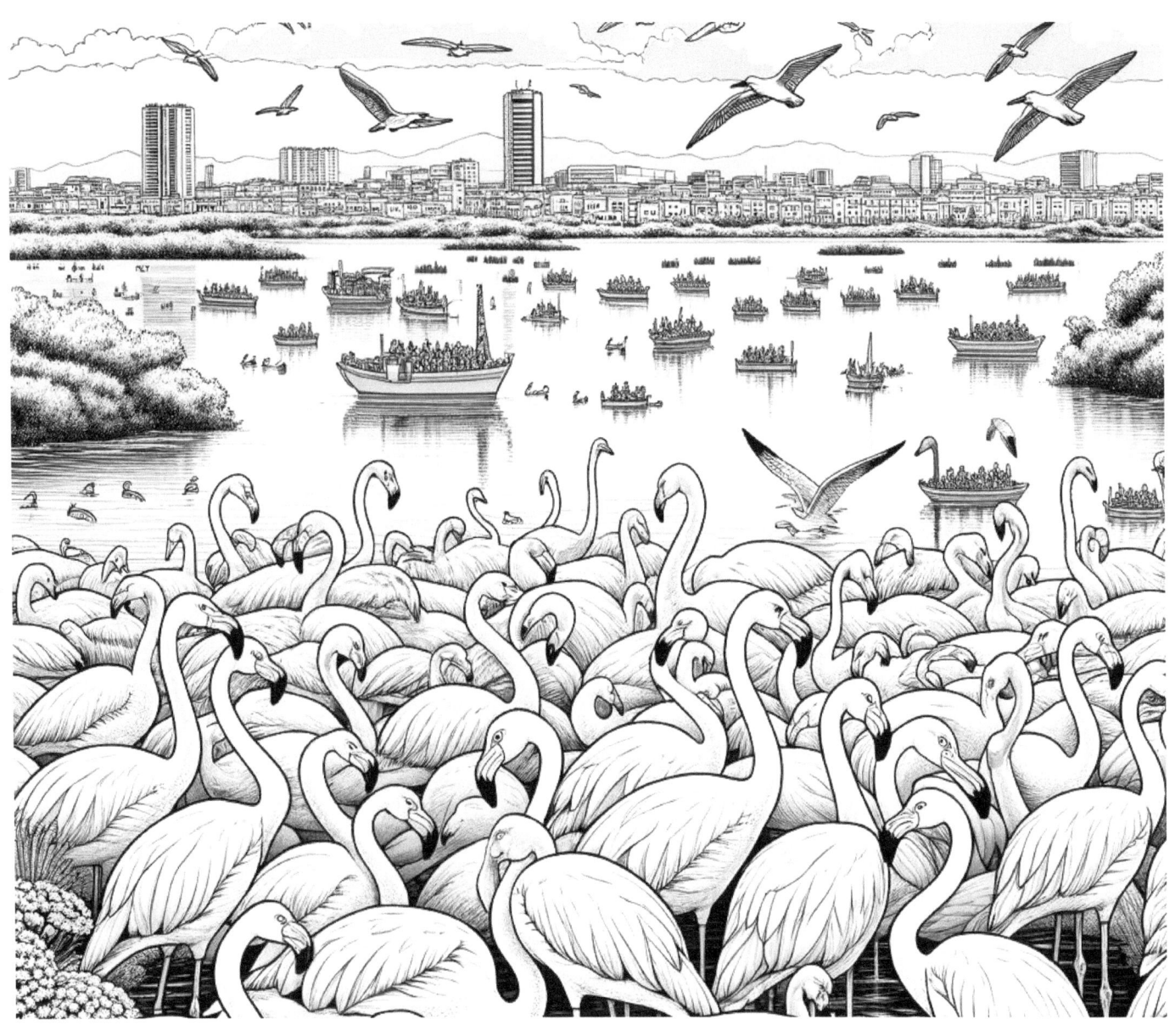

Un giorno di aprile, tuttavia, la sua vita cambiò quando un maschio di nome Ingo atterrò vicino a lei.

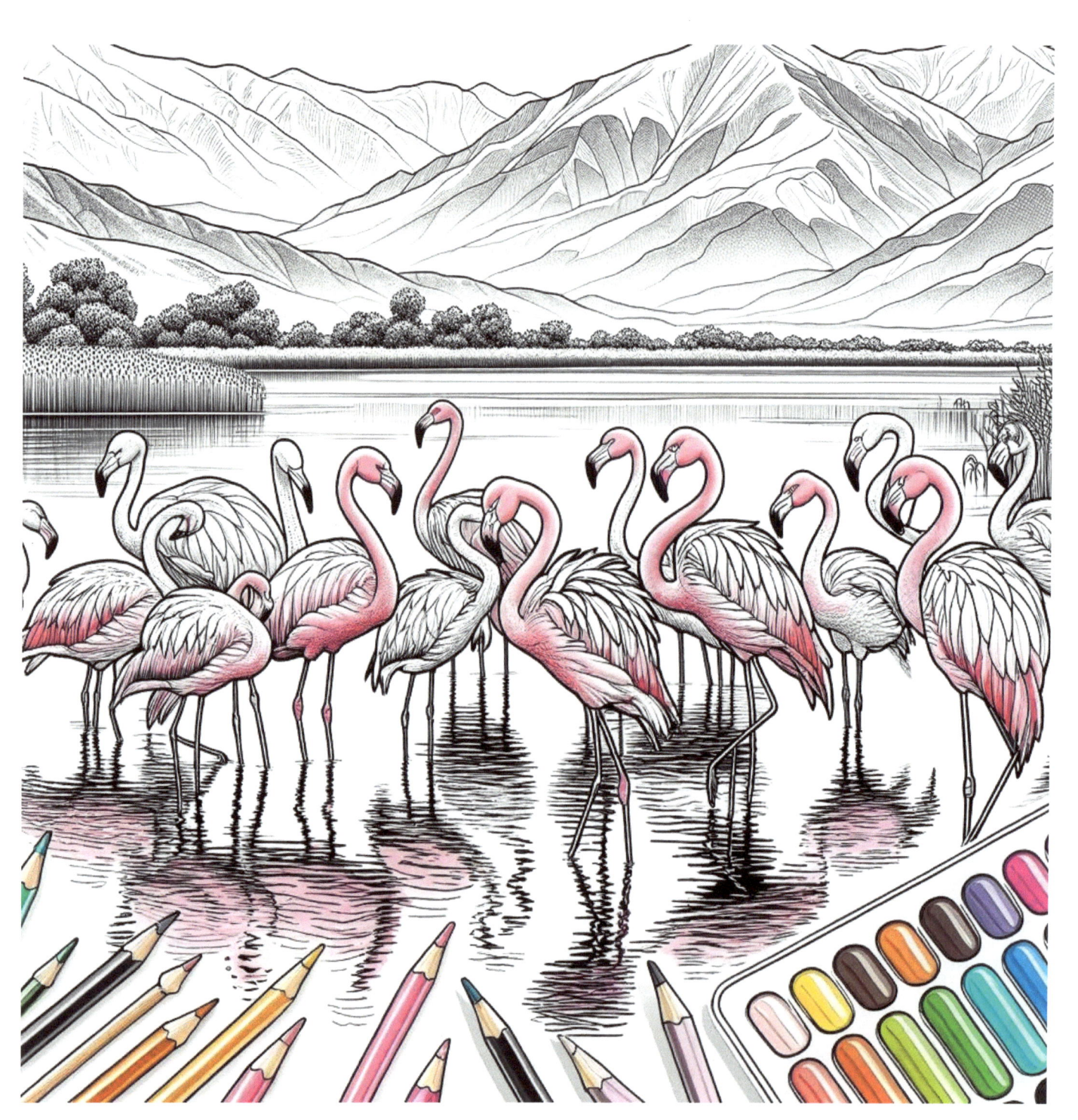

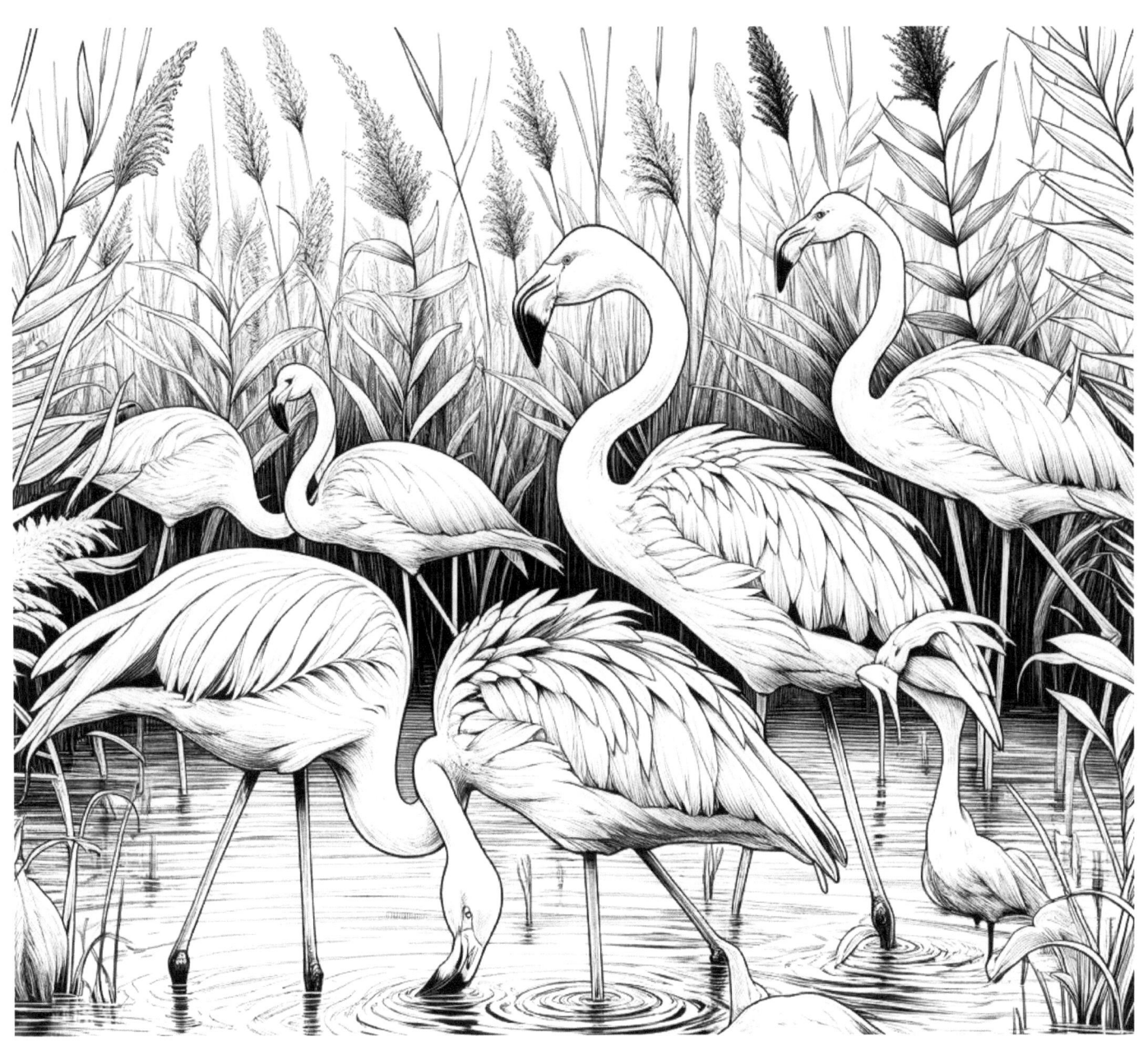

Ingo ammirava il modo in cui Flammy cacciava i granchietti e se ne innamorò all'istante.

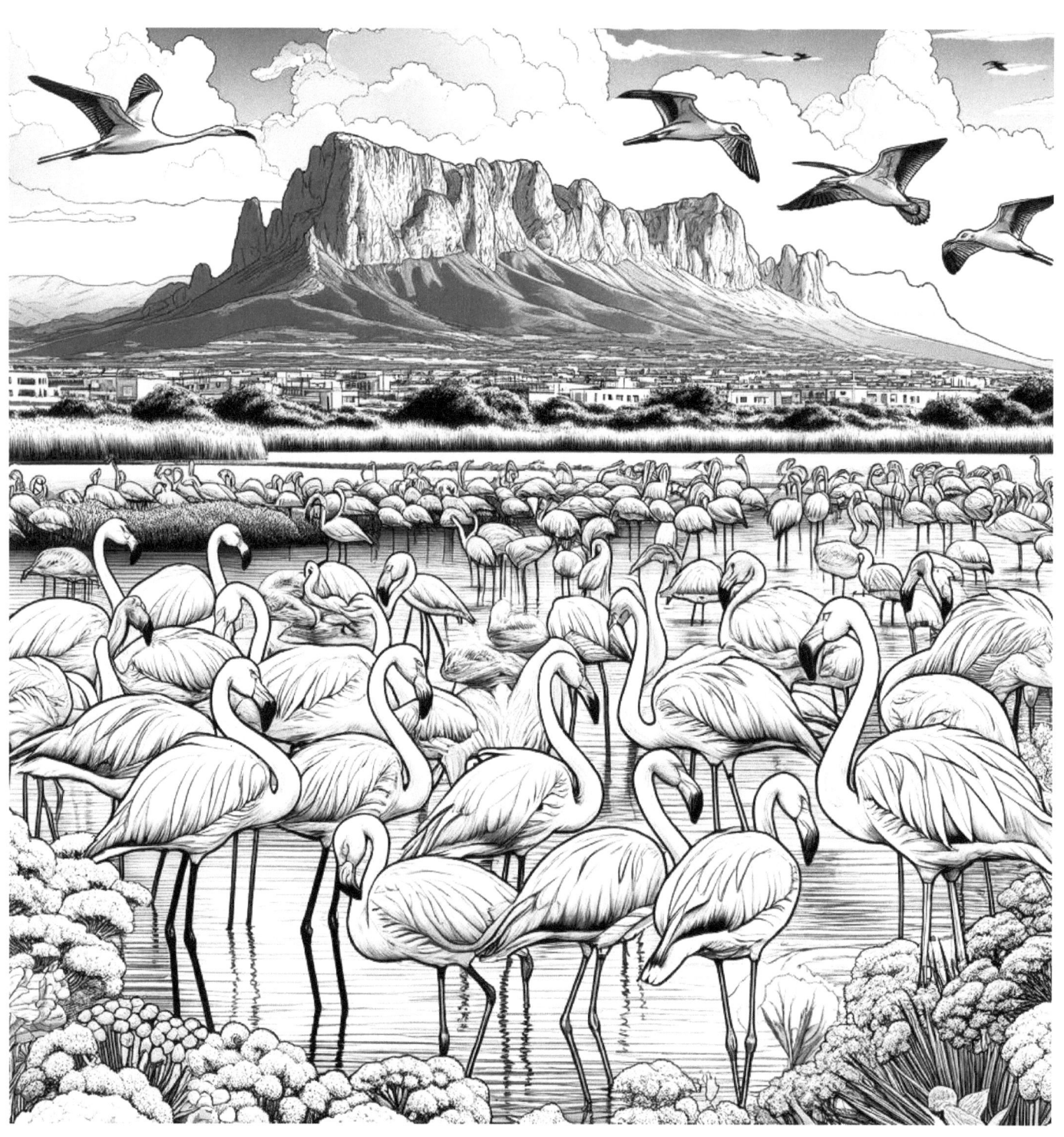

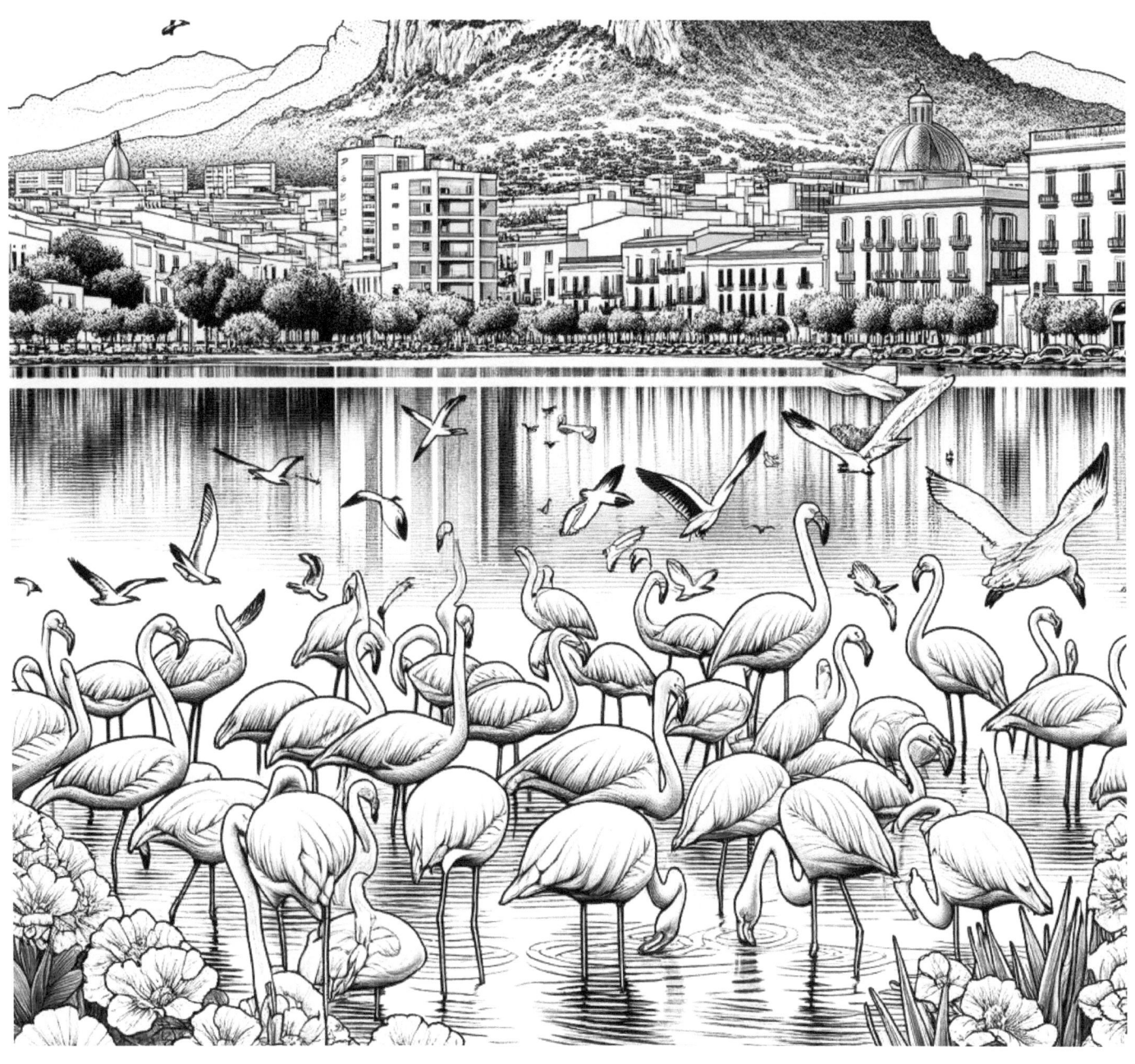

Intrigata, Flammy convinse Ingo a esplorare insieme i cieli. Volando alto, ammirarono lo stagno di Molentargius, la Sella del Diavolo e l'incantevole parco che si estendeva fino alle saline di Contivecchi.

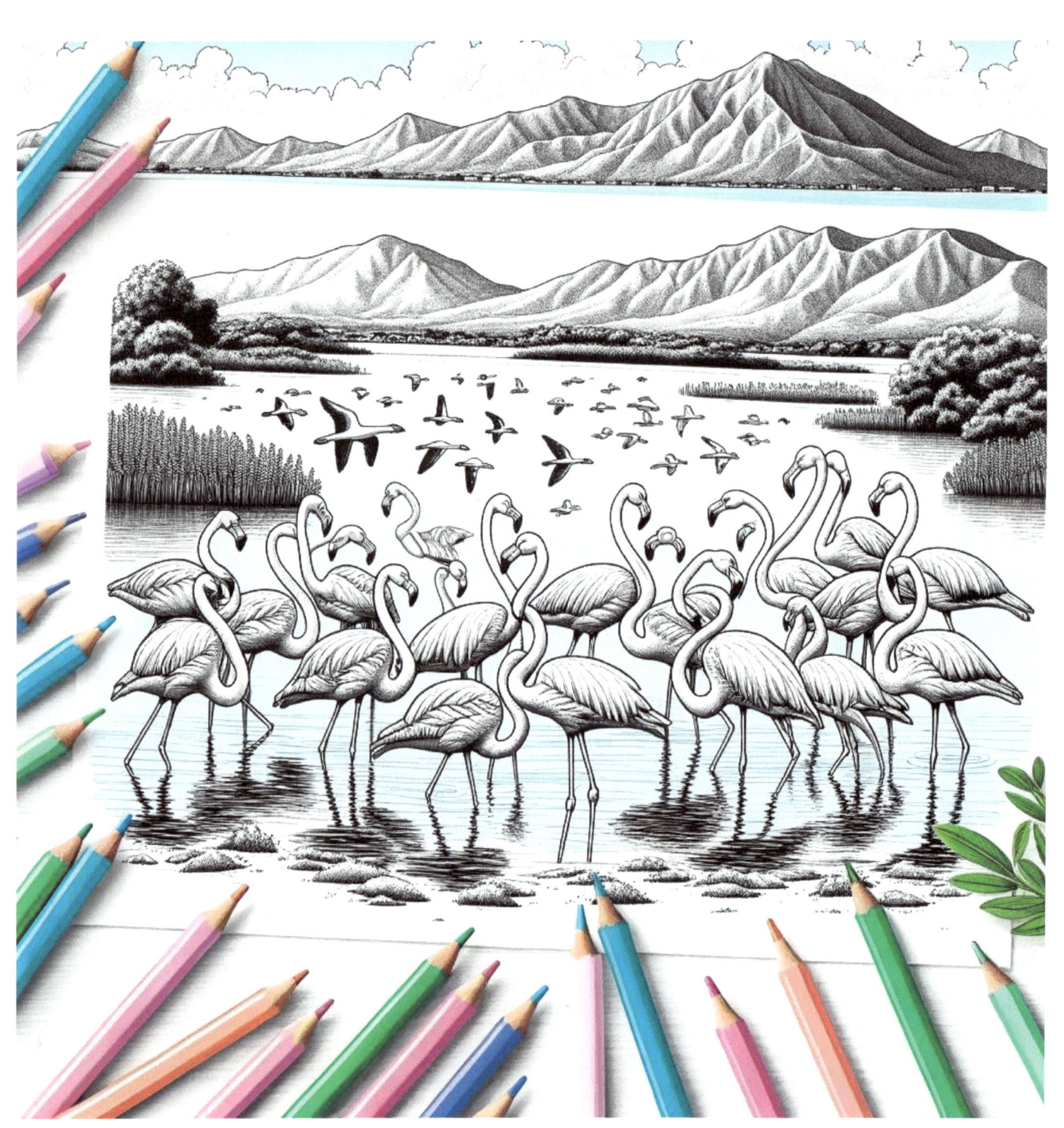

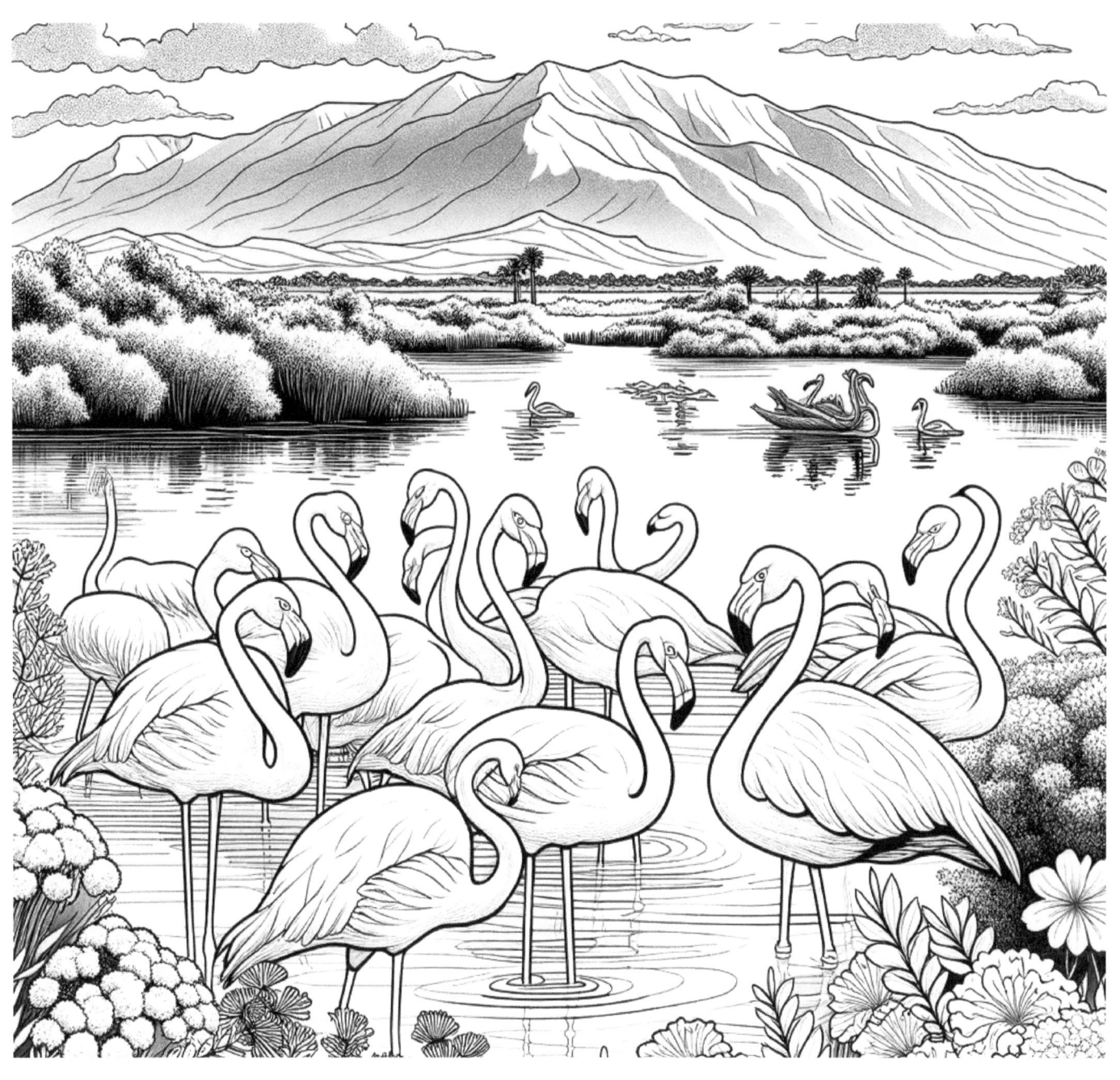

Colti da un amore profondo, decisero di fare della Sardegna la loro casa per sempre.

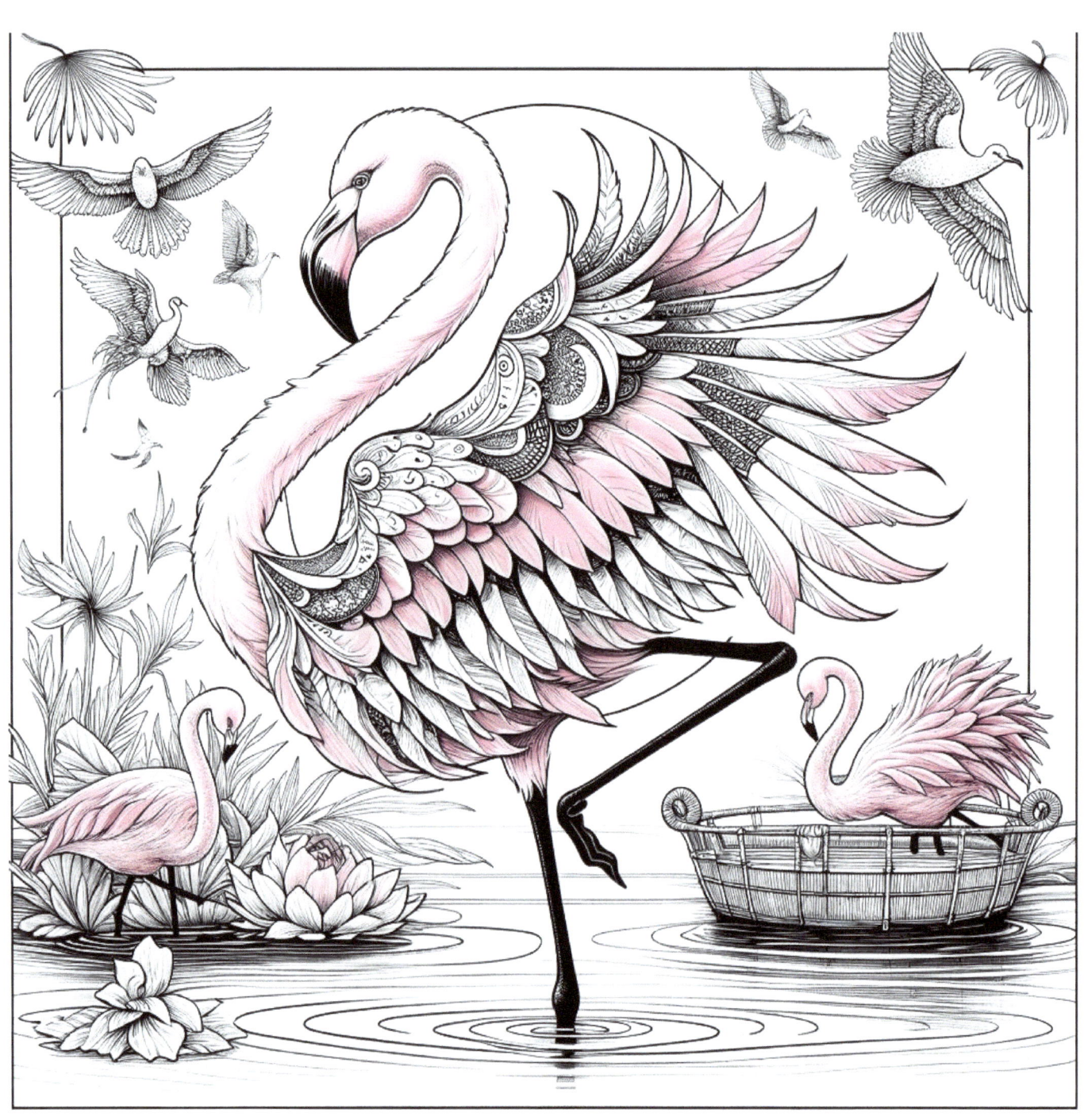

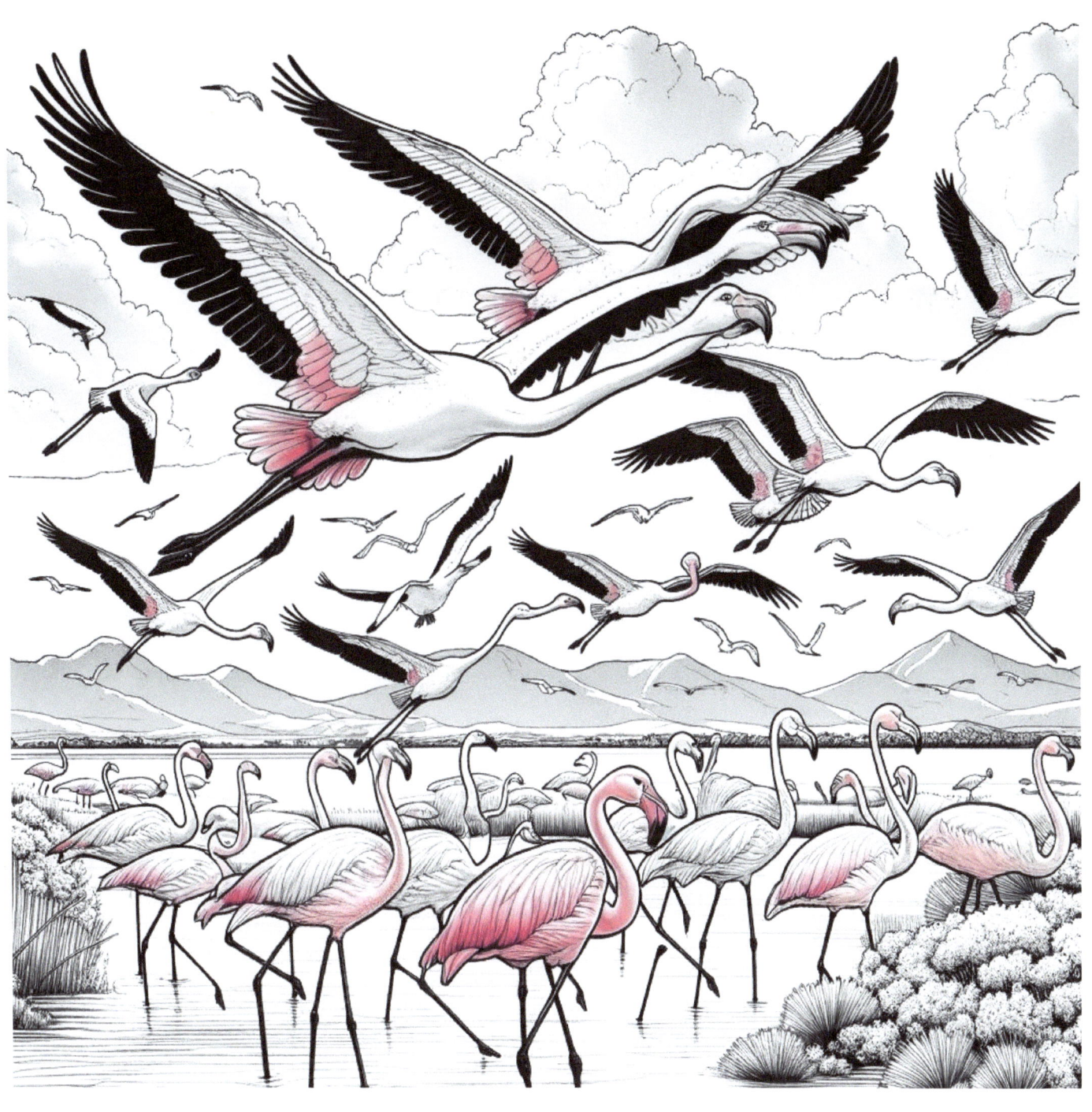

Ogni sera di luglio, trascorrevano ore in volo sopra Cagliari, ammirando il tramonto mozzafiato.

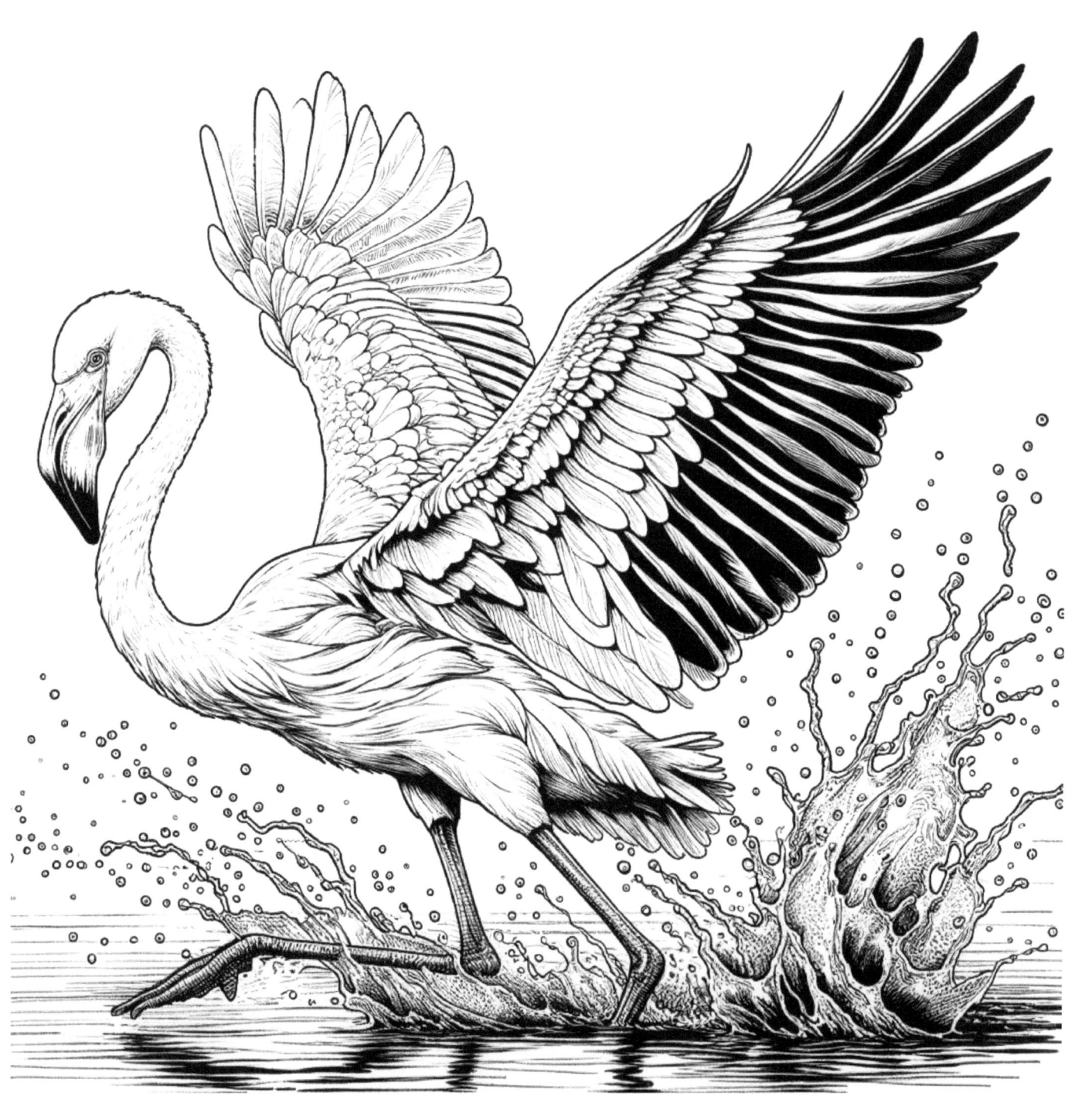

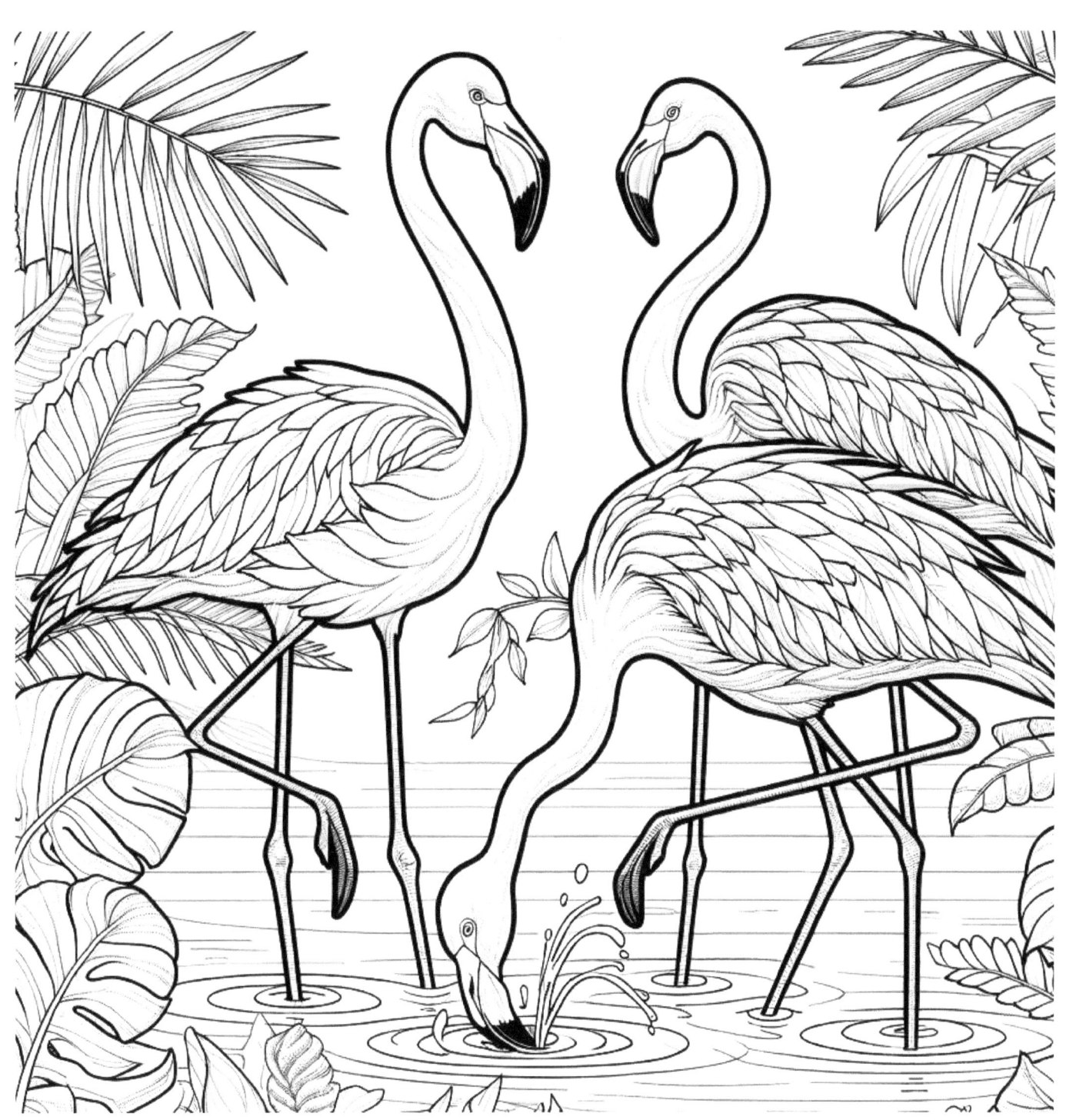

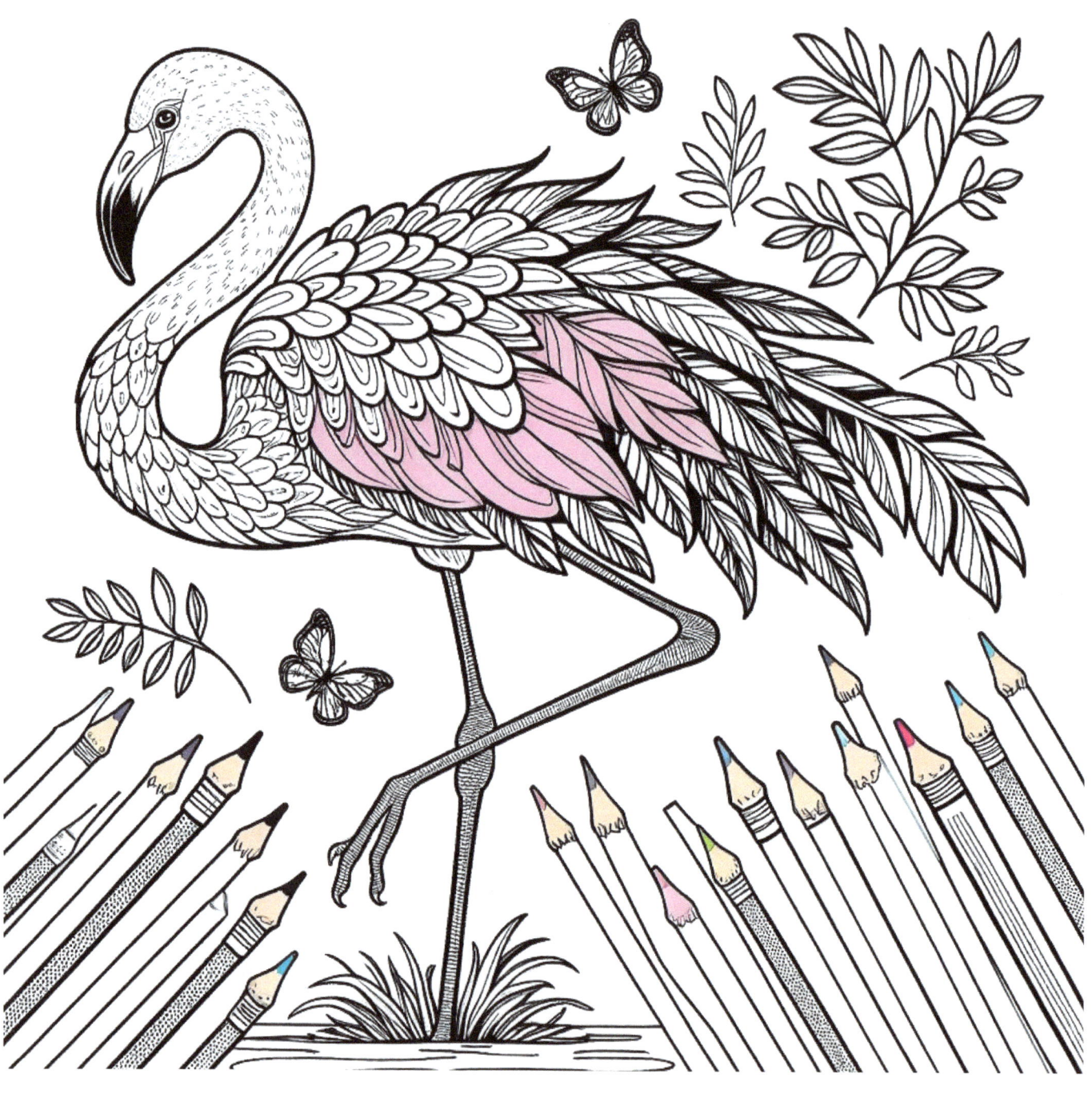

La loro routine includeva cene nei pressi dello stagno di Santa Gilla, seguite da ritorni romantici al parco di Molentargius.

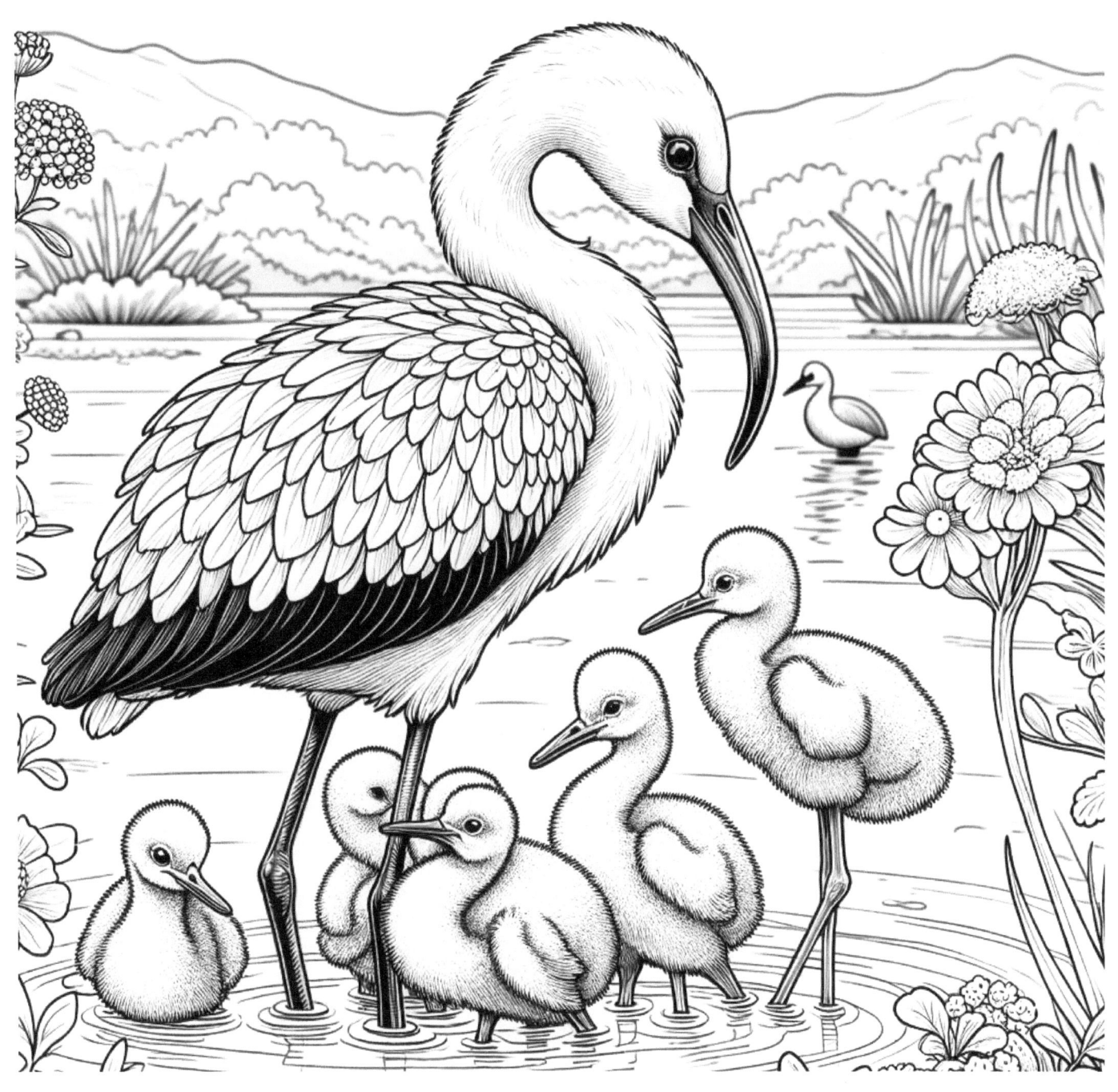

Quando nacquero i pulli nella loro dolce casa, chiamata "Bella Rosa", Flammy e Ingo non si sentirono più soli.

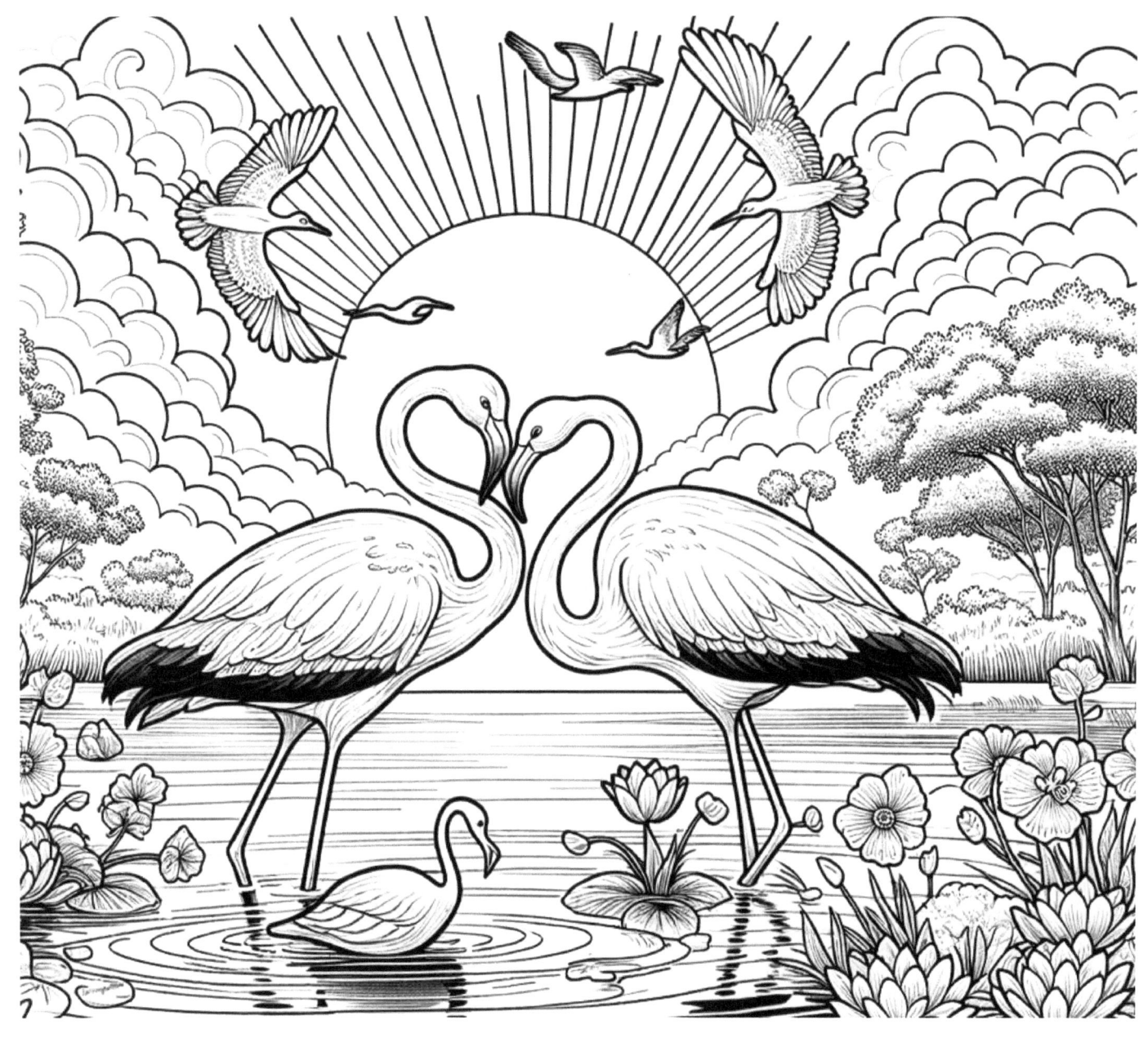

Si abbracciarono, formando un cuore con i loro colli, simbolo della loro unione.

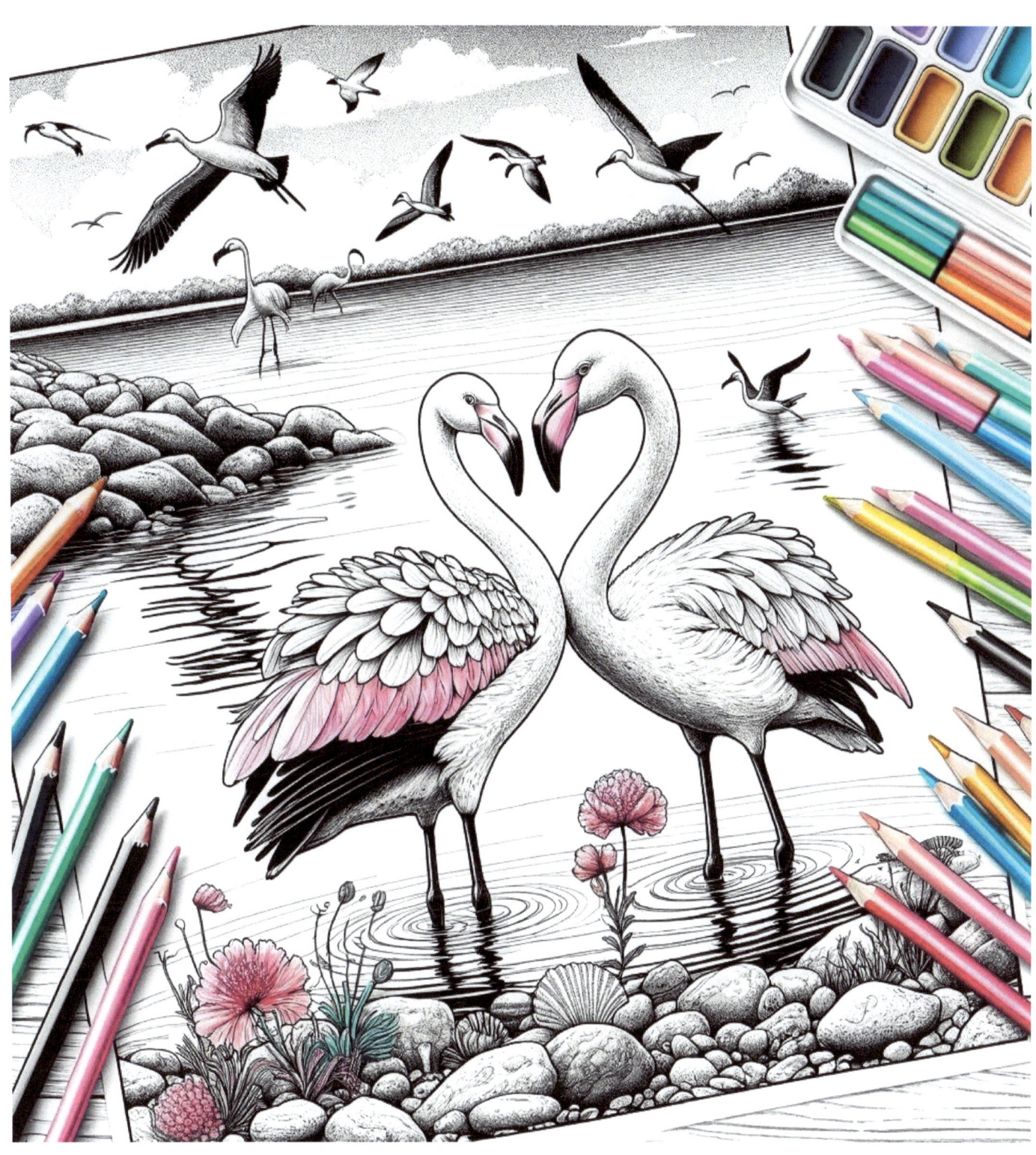

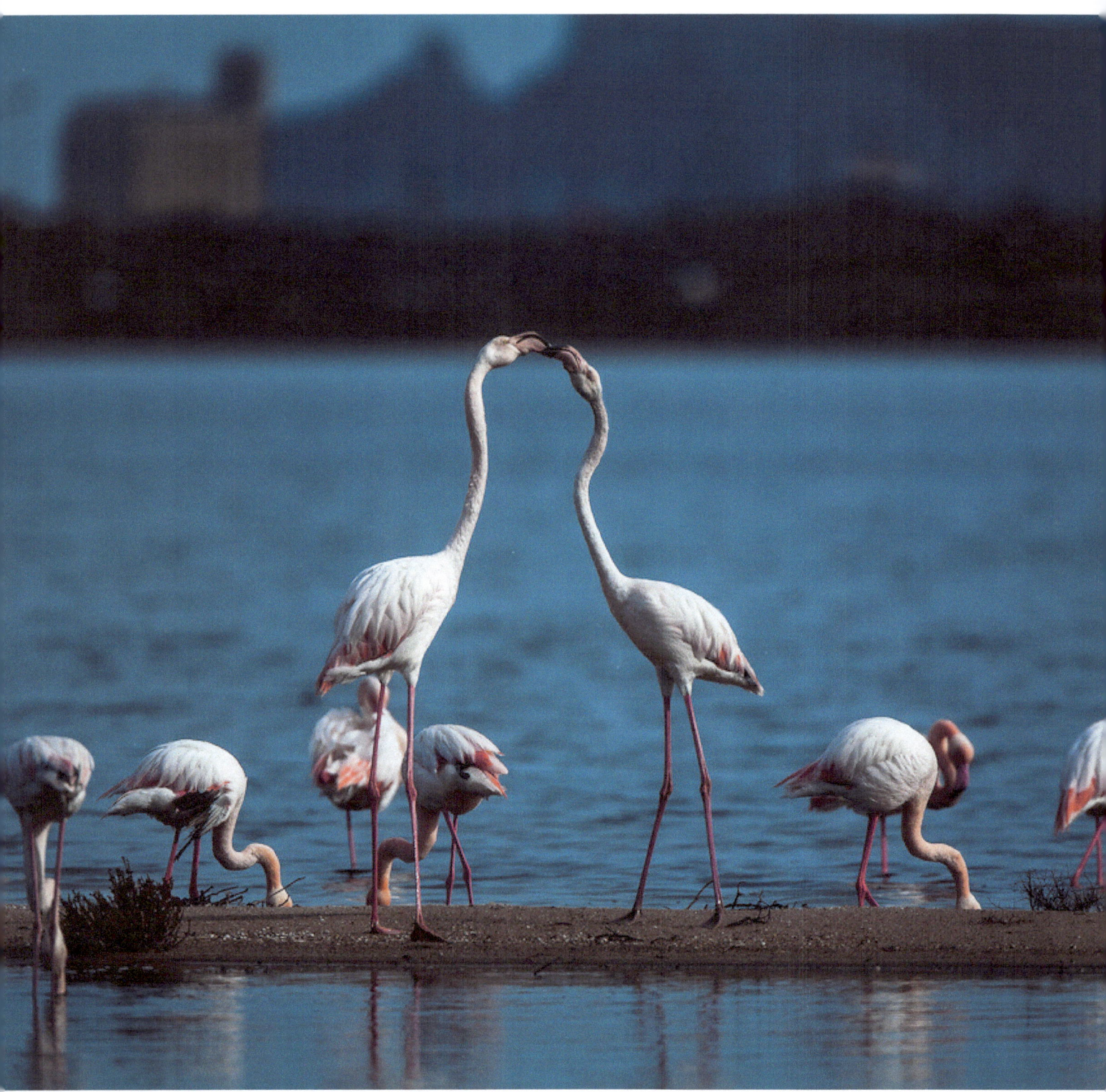

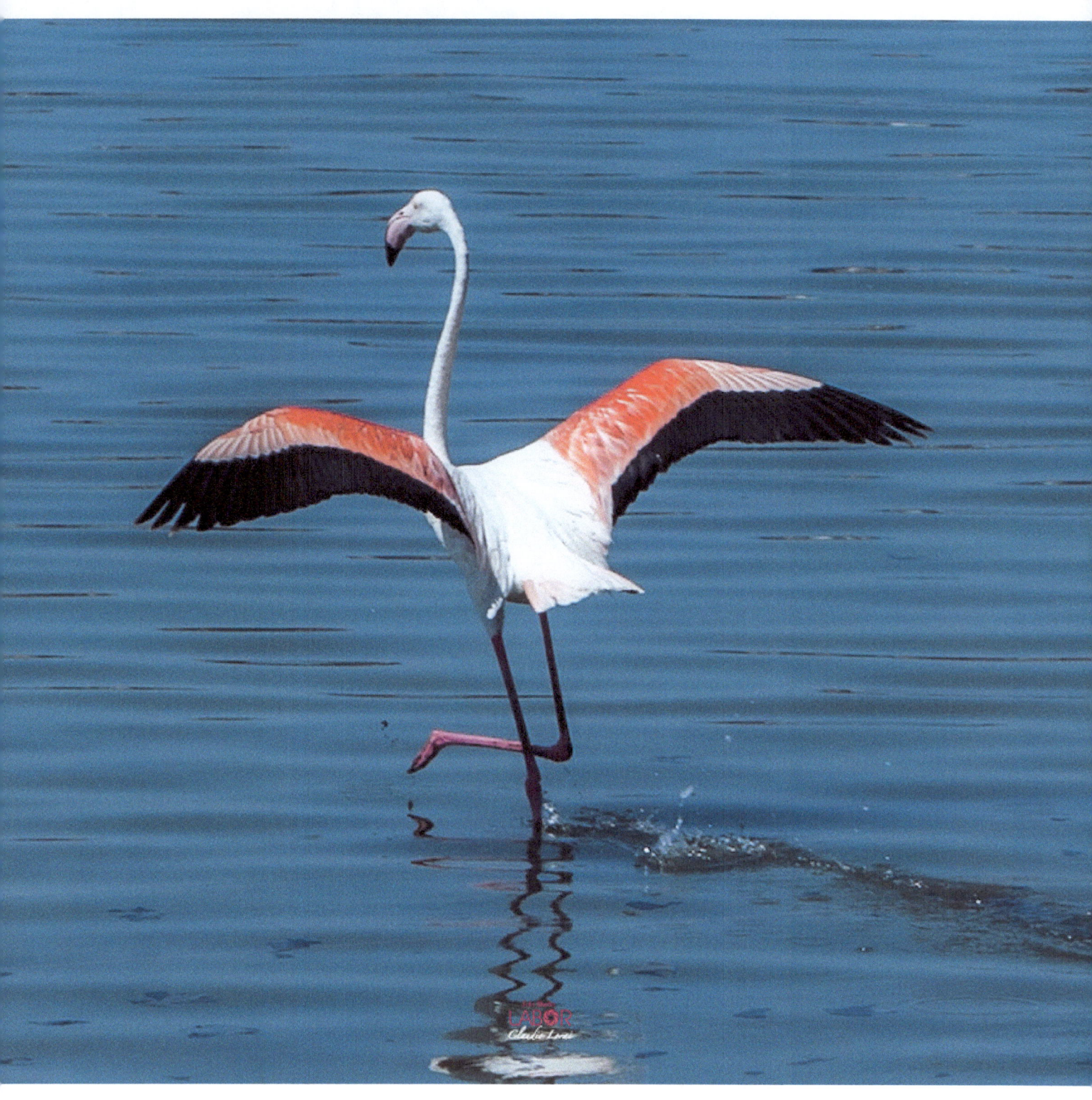

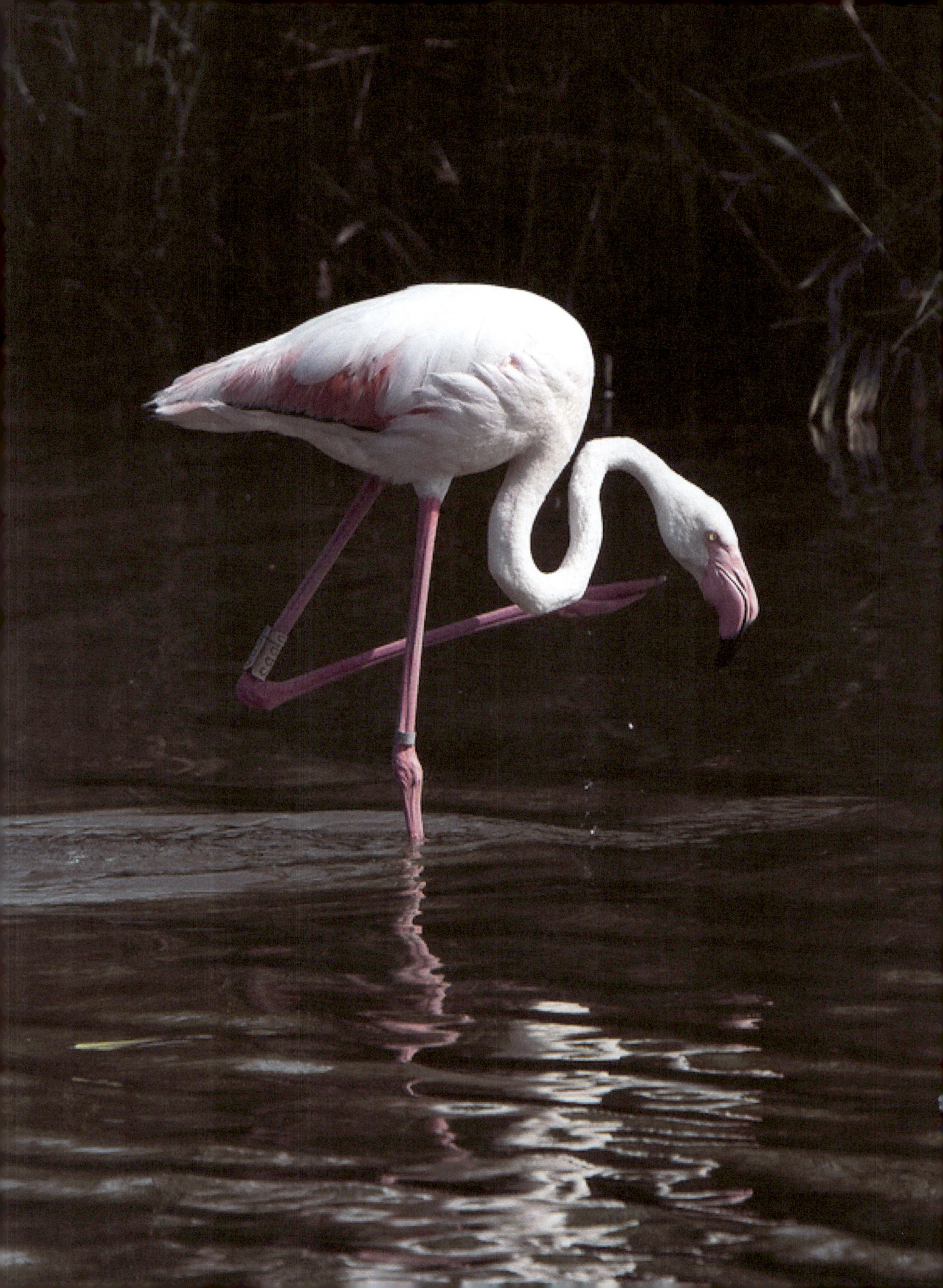

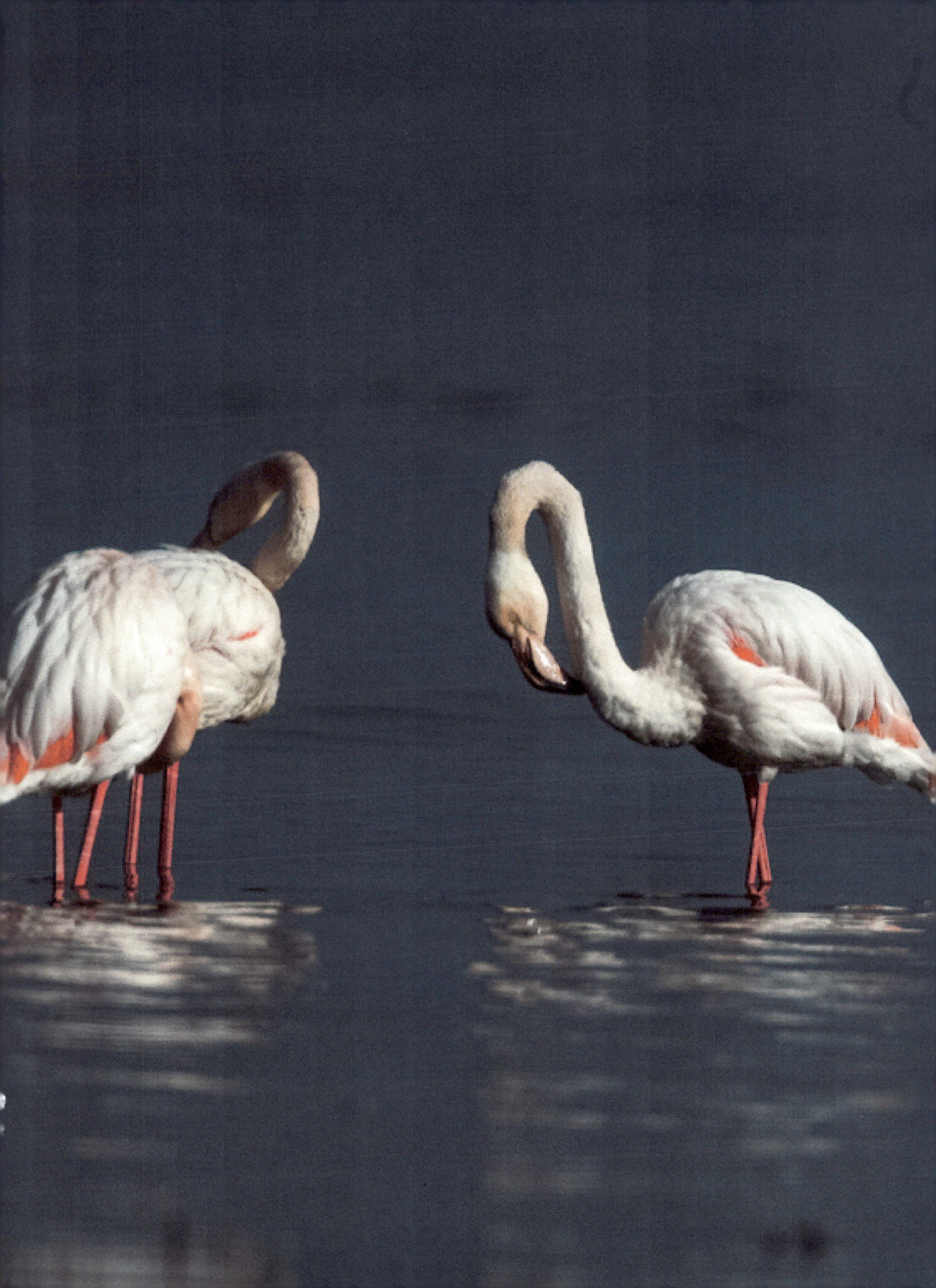

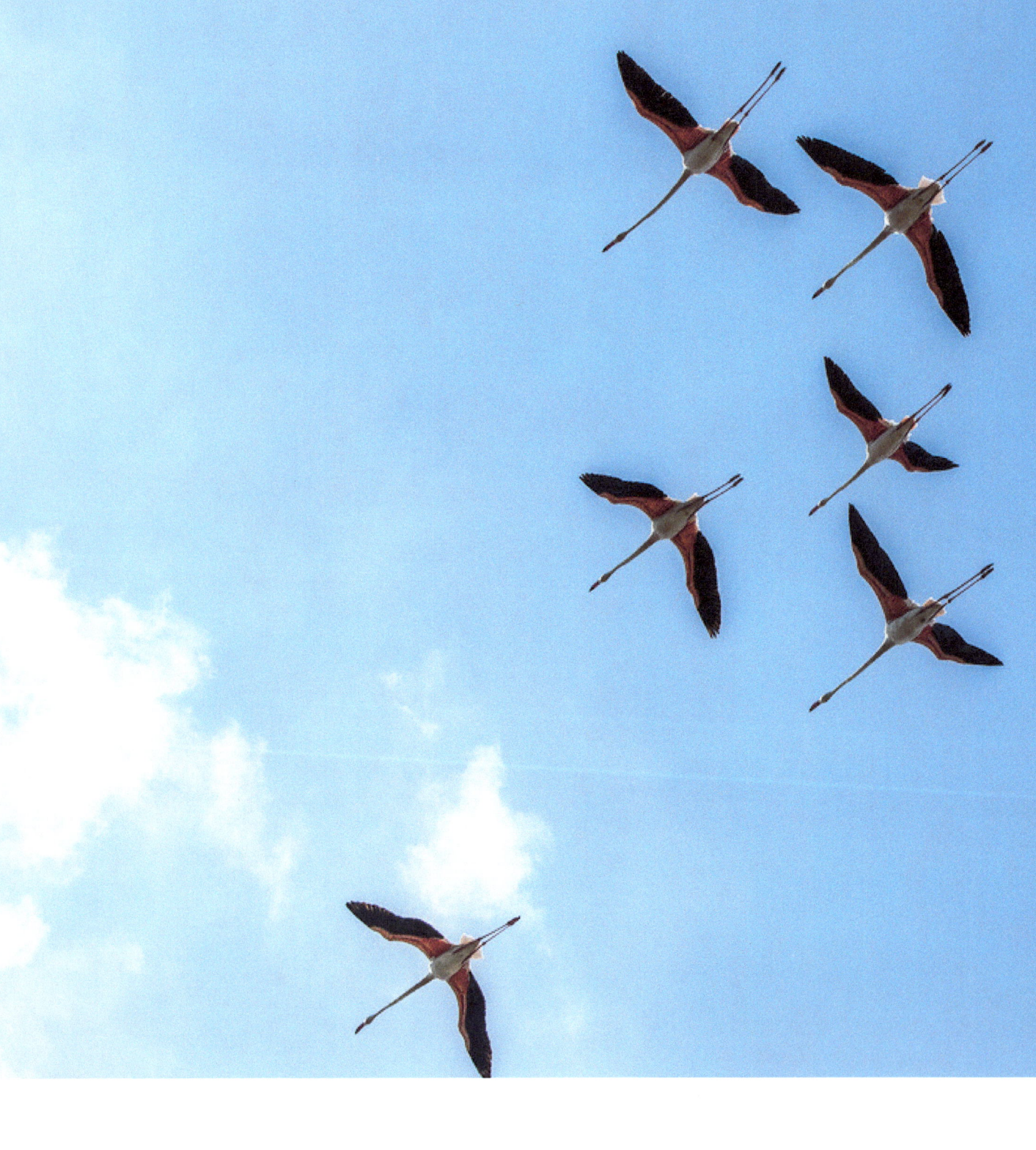

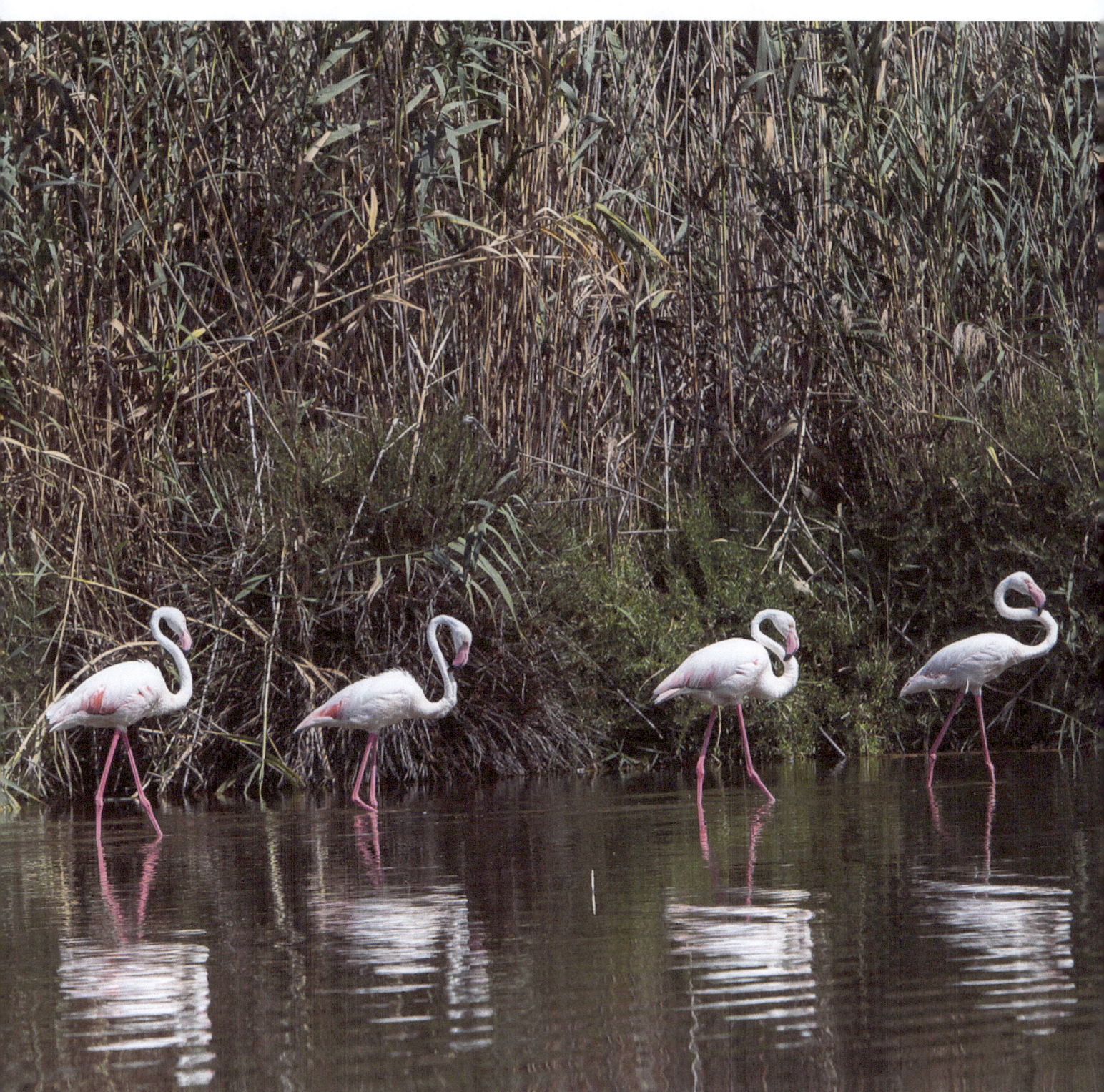

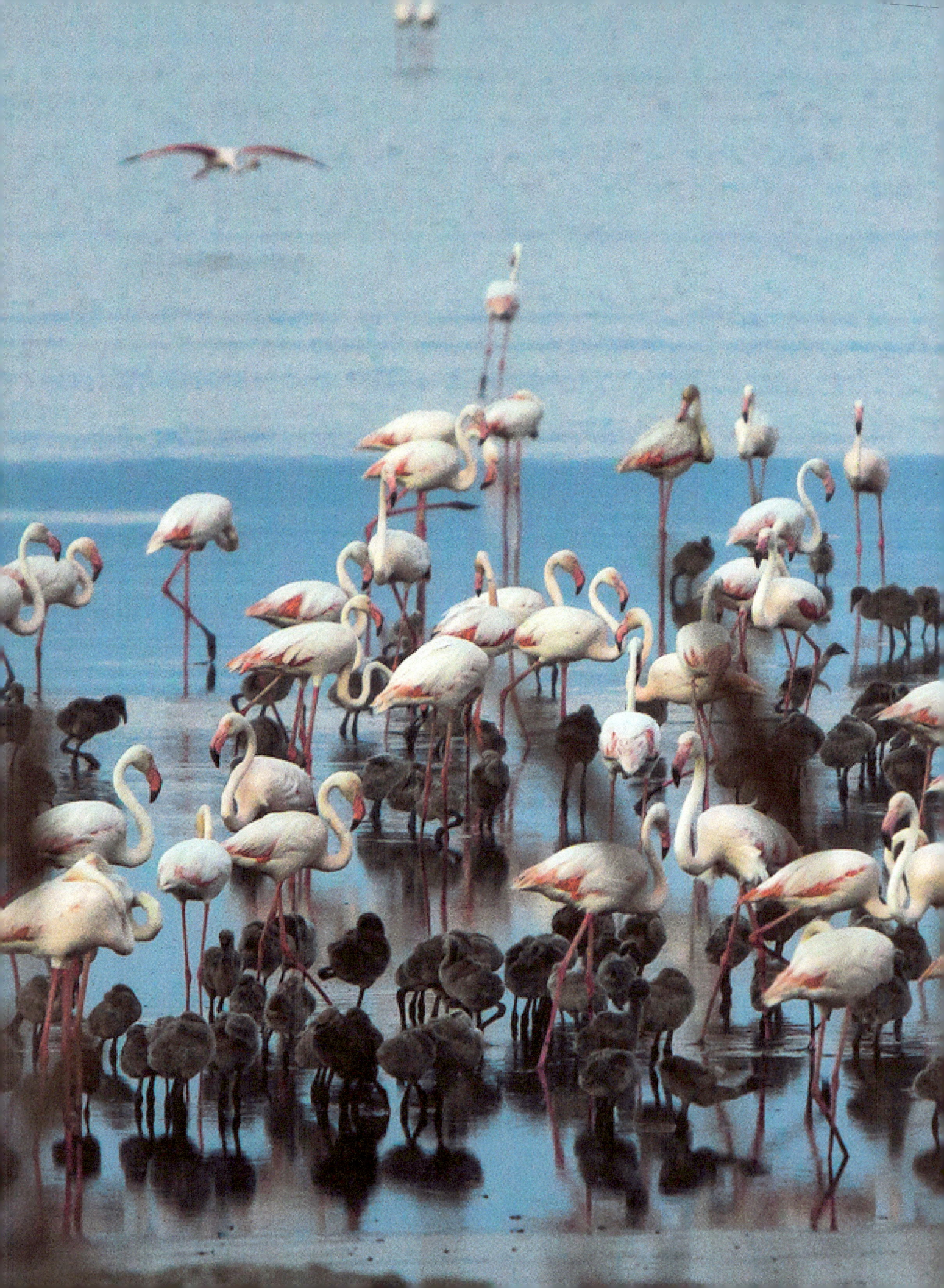

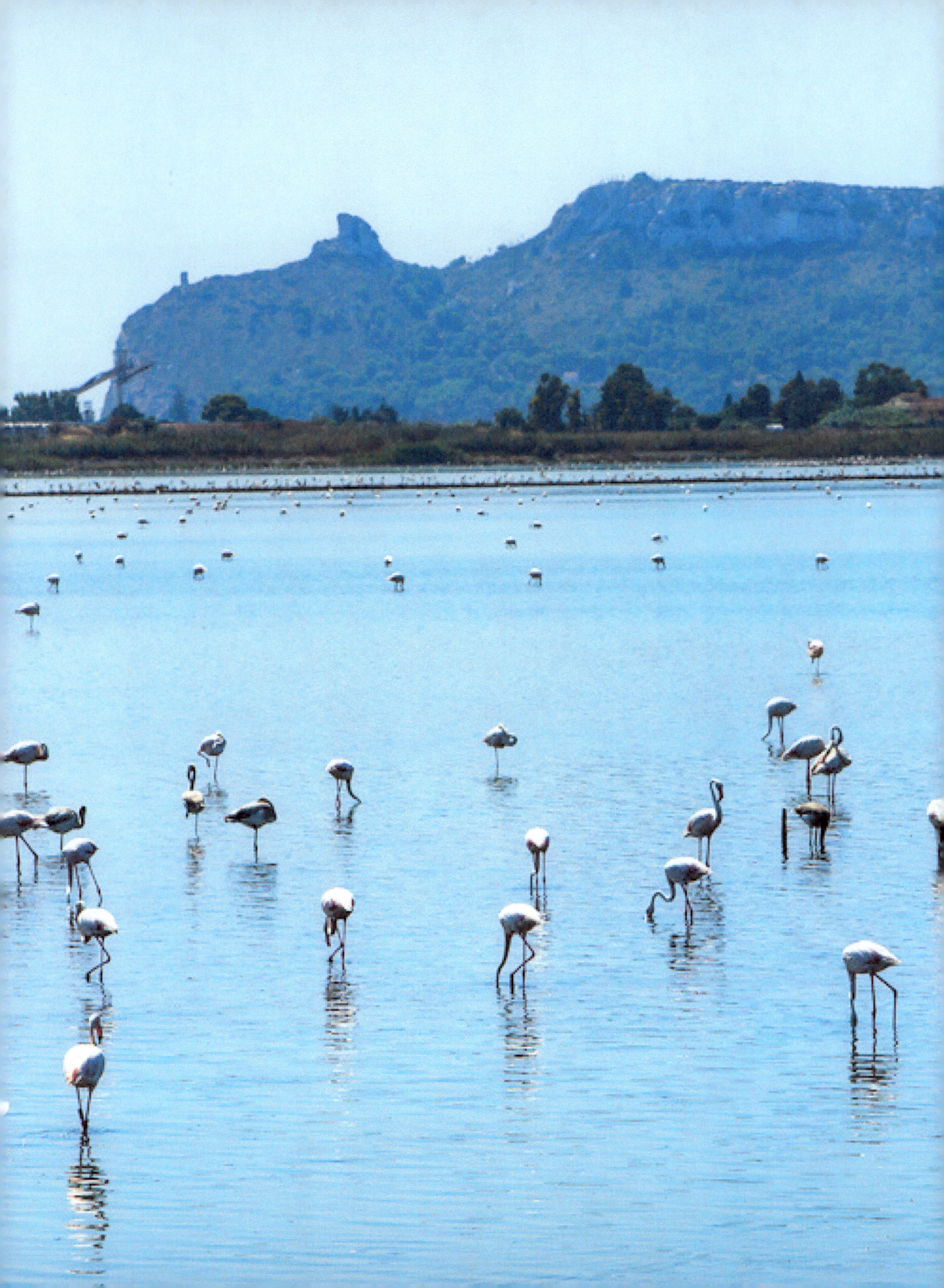

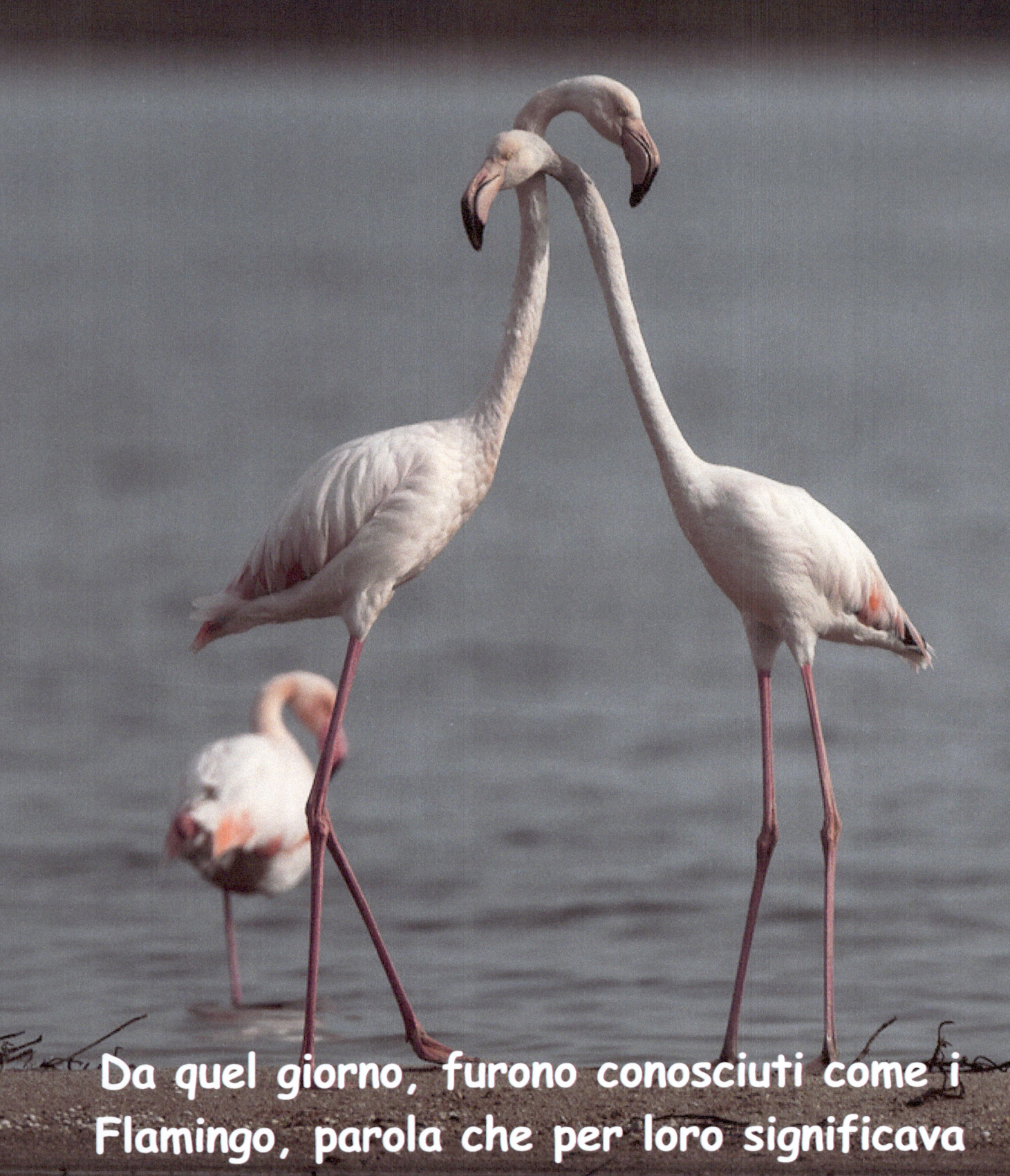

Da quel giorno, furono conosciuti come i Flamingo, parola che per loro significava "amore eterno fra i fenicotteri".

www.ingramcontent.com/pod-product-compliance
Lightning Source LLC
Chambersburg PA
CBHW051826210526
45473CB00005B/1757